KB236202

마흔 살의 승부수

초판 1쇄 발행 | 2007년 7월 10일
초판 2쇄 발행 | 2007년 7월 15일

지은이 | 오귀환, 이우형
펴낸이 | 최용범
펴낸곳 | 페이퍼로드

기 획 | 송병규
편 집 | 허슬기
교 열 | 김형종
마케팅 | 김경훈
홍보지원 | 강태화

주 소 | 서울시 마포구 연남동 563-10번지 2층
전 화 | 326-0328, 6387-2341
팩 스 | 335-0334
이메일 | paperroad@hanmir.com
출판등록 | 2002년 8월 7일 제10-2427호

ISBN   978-89-958266-7-6 03300

마흔살의 승부수

오귀환·이우형 지음

페이퍼로드
paperroad

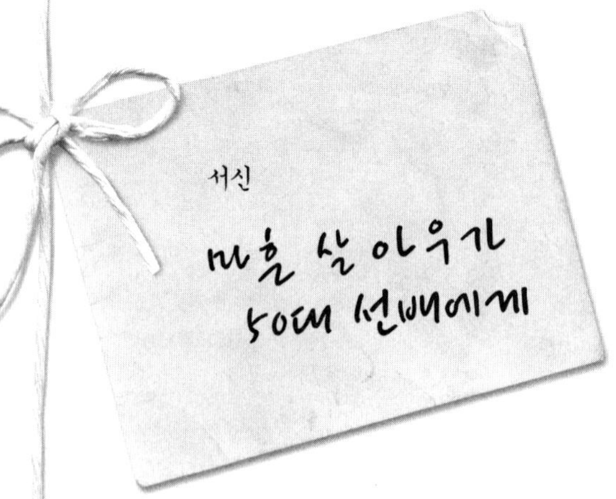

오 선배님.

여린 싹들이 파릇파릇 오르던 때가 엊그제 같은데 벌써 때 이른 무더위가 기승이군요. 이른 더위에 건강은 어떠신지 궁금합니다. 자주 찾아뵙지도 못하고 이렇게 글로 인사드리게 되었습니다. '먹고사는 일의 버거움'이란 이럴 때 얼마나 편리한 핑계거리인지요. 껄껄 웃으시며 "벌주 석 잔!"을 외치실 선배님 얼굴이 눈에 선합니다.

1967년생. 제 나이 올해로 꼭 41살입니다. 40대 2년차 초보 운전자인 셈이지요. 아직도 실감은 나지 않는데 시간은 벌써 그렇게 흘러가고 있습니다. 여전히 미궁이고 숙제인 40대는 눈앞에 커다랗게 입을 벌리고 있습니다. 저는 고래뱃속으로 들어가기 위해 마지막으로 신발끈을 조이고 있는 셈이지요. 만일 선배님의 가르침이 아니었다면 저는 지금처럼 가벼운(?) 마음으로 어두컴컴한 안쪽을 향해 걸어 들어갈 엄두는 못 내지 않았을까 생각합니다.

지난 겨울 마포의 한 선술집에서 나눴던 대화를 기억하십니까? 고작 40대의 1년간을 보내고 나서 저는 그 어마어마한 무게에 질려 이렇게 여쭈었습니다.

"어떻게 하면 이 불편한 40대를 하루빨리 벗어던질 수 있을까요?"

제 말씀은 진심에서 우러나온 것이었습니다. 육신은 멀쩡해도 마음속엔 피가 흥건하고, 흐르지 않는 눈물 때문에 세상이 안개처럼 부옇던 날들이었으니까요. 고통을 과장할 생각은 없습니다만, 일생에 한 번 찾아온다는 삶의 위기가 저에게도 닥쳐왔던 셈입니다. 마흔통(痛)이라고들 하나요? 그것이 그처럼 뜨겁고 아플 줄은 상상도 못 하고 있었던 거지요.

어느 시인처럼 '내 고통엔 이유가 없었다'라고 멋지게 말할 수 있으면 좋으련만, 불행히도 제 고통은 낭만과는 거리가 멀었습니다. 20~30대의 저를 이끌어오던 꿈은 이미 파산한 지

오래였습니다. 그것의 원인인지 결과인지는 모르겠지만 집안의 경제는 '기르던 강아지에게 부양을 의뢰하고 싶을 만큼' 최악의 상황을 달리고 있었지요. 아이들의 천진난만한 웃음이 그처럼 부담스럽고 그처럼 원망스럽게 들릴 수도 있다는 사실을 처음으로 깨달았습니다. 더욱 고통스러운 건 앞날에 희망이 보이지 않는다는 사실이었지요. 누구 말처럼 한 번쯤 '대차게' 세상과 맞장 뜨다가 이런 상황을 맞았다면 여한이라도 없었을 겁니다. 하지만 제 삶은 이 구멍에서 빼내 저 구멍을 메우는 임시방편으로 가득했지요. 결국 승부다운 승부조차 벌이지 못한 채 간신히 의무방어전만으로 기진맥진해진 형국이었습니다. 무엇을, 어떻게 다시 시작해야 하는지 짐작조차 할 수 없던 나날이었습니다.

가끔씩 만나는 친구들은 어깨를 두드리며 이렇게 말하곤 합니다.

"쩔쩔 매지 말자! 인생 뭐 그리 어렵다고…!"

하지만 그렇게 얘기하는 그들의 표정에도 제 것과 똑같은 두려움과 곤혹스러움이 가득했습니다. 위안은 얻을 수 있을지언정 근본적인 타개책과는 거리가 먼 얘기였지요. 그러니 하루속히 벗어나고 싶다는 제 말은 엄살이 아니라 진심을 담은 것일 수밖에 없었습니다. 진심을 하나 더 보태자면 40대의 강을 모두 건너 '그 자리'에 앉아계신 선배님이 그렇게 부러울 수가 없었습니다. 하지만 선배님은 이렇게 질타하셨습니다.

"이제 장마당에 멍석이 막 깔렸는데 재수 옴 붙는다. 나약한 소릴랑은 집어 쳐!"

선배님의 말씀에 따르자면, '마흔 살이야말로 진정한 인생의 시작이요, 인생의 승부 자체가 곧 마흔 살'이라는 것이었습니다. 처음에는 저를 위로하기 위한 겉치레 말씀인 줄 알았지요. 하지만 선배님은 경험에서 우러나온 진심을 얘기하고 계셨습니다.

"내 말이 의심스럽거든 지금 당장 묵은 신문이라도 뒤적여 성공한 사람들의 삶을 조사해봐라. 너보다 더 극악한 조건 속에서 40대를 맞았던 그들이 어떻게 시작하고 성공했는지. 그러면 너도 '마흔 살의 승부'가 인생에서 갖는 의미를 깨닫게 될 거다."

제 '마흔 살의 길 찾기'도, 선배님과의 의기투합도 그렇게 시작되었습니다. 저는 일종의 내기처럼 그 작업에 참여한 기분이었습니다. '정말 그렇단 말야?' 하고 자문하면서 말입니다.

수많은 40대의 삶을 추적하는 지난 반년의 시간은 너무나 행복하고 소중했습니다. 몸은 고달프고 극심한 스트레스로 이틀, 사흘 밤낮을 꼬박 새우다시피한 날도 많았지요. 하지만 그 시간은 항로 없는 비행과도 같았던 제 40대에 한 줄기 빛을 내려준 과정이기도 했습니다. 선배님 말씀대로였습니다. 우물 속에서 소리를 지르면 그 울림 때문에 더욱 귀가 아플 수밖에 없습니다. 혼자만의 마흔 살에 갇혀 지르는 비명 역시 마찬가지였습니다. 누구도 이해해줄 수 없고, 오롯이 혼자만이 치르는 줄 알았던 삶의 고통. 그러나 눈을 들어 세상의 수많은 마흔 살들을 발견했을 때 그것이 얼마나 좁은 생각이었는지 아프게 깨달았던 거지요.

그들은 전사였습니다. 그처럼 극심한 고난 속에서, 그처럼 꺾이지 않는 의지를 가지고 당당하게 삶의 승리를 거머쥔 사람들. 선배님의 말씀처럼 그들의 '마흔 살 승부'는 세상과 자기 인생에 고하는 투쟁선언이자 실천이었습니다. 그것을 통해 그들은 남루한 오늘을 벗어던지고 과감하게 새 인생의 주인공으로 나설 수 있었던 거지요. 부끄러웠습니다. 두려워서 벗어던지고 싶다던 저의 40대와 승부로써 모든 고난을 돌파한 그들의 40대는 얼마나 다른 것이었을까요? 그처럼 모든 걸 던져 삶의 승부에 나서보지도 못한 주제에 아픔 운운이라니 웬 헛소리였을까요?

피와 땀으로 점철된 그들의 생존투쟁. 그들이 사용한 승부의 밑천은 바로 마흔에 이르기까지 쌓아온 승부의 열정과 생존 의지, 지혜였습니다. '마지막 한 방울까지 다 쏟아 넣은 여한 없는 삶.' 그들이 궁극적으로 꿈꾸는 삶의 완성은 그것이었고, 그들은 그것을 거머쥘 자격을 갖추고 있었습니다. 그들이 그려온 삶의 궤적을 추적하던 지난 시간이 아니었다면 제 40대는 어느 수렁에서 헤매고 있을지 모를 일입니다. 제가 석 잔의 벌주를 받고 세 동이의 미주(美酒)를 준비해 선배님 앞에 올리지 않으면 안 되는 이유도 바로 그것이지요.

많은 원고를 써보았지만 이처럼 더디고 어렵게 쓴 원고는 처음인 것 같습니다. 저는 그 이유를 잘 압니다. 제 자신과 너무 가까운 이야기라 객관적인 거리감이 없었기 때문이지요. 선배님의 애를 태우면서도 선뜻 원고를 내놓지 못했던 이유는 그것이었습니다. 거꾸로 그만큼 공을 들인 원고라 말씀드린다면 마음속의 죄송함을 조금이나마 덜 수 있을까요?

선배님도 말씀하셨다시피 이 책은 출사표입니다. 전쟁터로 떠나는 장수가 임금 앞에 올리는 필사의 각오처럼, 동시대 모든 30~40대의 미래 앞에 올리는 출사표 말입니다. 모든 이들이 이 책을 읽고 승부에 대한 열정과 각오를 불태울 수 있다면 얼마나 좋을까요?

저는 이제 저의 수많은 동료들과 함께 고래뱃속으로 들어가 보려 합니다. 선배님, 저희들이 채우지 못한 지혜의 빈틈을 메워주시겠지요? 누구보다 후배들에 대한 깊은 애정을 가지신 선배님이라면 꼭 그래주시리라 믿습니다. 다시 찾아뵐 때까지 건강하시기 바랍니다.

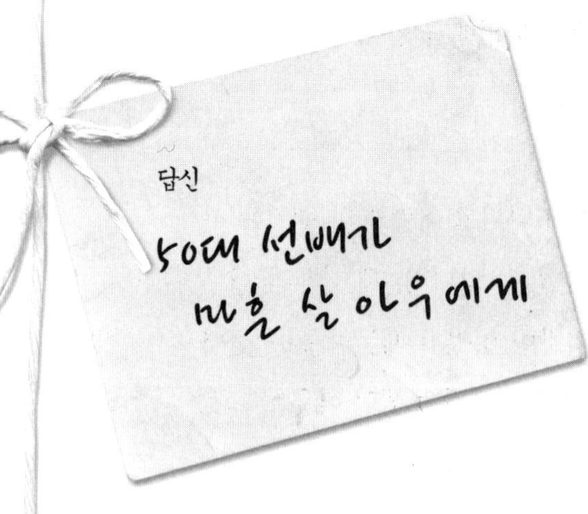

"남자 나이 이제 마흔…. 참, 우리 아우님도
숨 가쁜 시대 절절하게 열심히 살아왔구나!"

태어난 해를 처음으로 내게 전하는 아우님의 편지에, 그
'1967'이라는 숫자에 순간적으로 뭔가 가슴속을 뭉클 하고 지
나가는 걸 느낍니다. 1967년생이라니! 모든 것이 한국 현대사
의 주요 궤적과 절묘하게 맞아떨어지며 선명한 영상으로 머릿
속을 맴돕니다. 그 숱한 함성과 격동의 순간이 죽은 듯 다시 살
아 뒷골을 당기고 있습니다.

그러니까 1987년 한국 현대사를 강타한 민주화의 대폭풍과

대통령 직선의 소용돌이를 당신은 갓 스물 뜨거운 가슴의 청춘으로 맞으셨겠지요. 격동의 세대임을 알리는 메시지가 성년 초입부터 날아든 셈이네요. 그리고 딱 10년 뒤 1997년 겨울, 한 집안의 가장으로, 직장인으로 제대로 채 서보기도 전에 그 무시무시한 IMF 사태와 외롭고도 무력하게 맞닥뜨려야 했겠지요. 오늘 잘릴지, 내일 문을 닫을지 모르는 불안과 초조 속에서 그렇게 입술이 타들어가고 오금을 저려야 했겠지요. 그리고 그건 시작에 지나지 않았습니다. 그 뒤로 우리 삶을 무겁고도 냉혹하게 규정하는 '세계화'를 시작으로 '노동유연성' '산업 공동화' '양극화' '노령화사회' '국민연금 고갈문제' '북한 핵실험' '집값 광풍' '사교육 열풍' 'FTA'… 온갖 허깨비 귀신에 시달리면서도 당신은 자식과 아내를 감싸 안고, 둘러메고, 걷고 또 걷고, 달리고 또 달려야 했겠지요. 어찌 모르겠습니까? 그 10여 년을 이리 뛰고 저리 넘어지면서 이젠 배짱은 물론 키마저 요만하게 작아져 가는 당신의 모습을, 당신의 처지를…. 그리고 어찌 당신뿐이겠습니까? 대한민국 1960년 여름에서부터 1970년 여름까지 태어난 모든 사내와 여인들이 다 그렇게 살아온 끝에 이제 '마흔'의 산중턱에 서게 됐다는 것을….

사람들은 묻곤 합니다.
"마흔은 어떤 나이이지요?"

그런 물음에 한참 생각하다가 나는 '자신을 긍정하는 나이'
라고 조심스럽게 결론을 내려보았습니다. 꼭 눈에 보이는 것을
이뤄서가 아니라, 보이지 않는 것을 많이 가지고 있기 때문입니
다. 그냥 '자신을 긍정하기 시작하는 나이'라고 해도 좋겠고요.

왜냐고요? 아주 단순합니다. 이미 우리가 지금껏 살아 있다
는 것 자체가 지구의 탄생과 버금갈 만한 '기적 그 자체'이기 때
문입니다. 얼마나 어려운 기적의 확률을 뚫고 당신은 태어나고
지금껏 살아남았는지, 그 복잡한 연산법을 제시하지 않더라도,
아무리 추락하고 어려운 처지에 놓인 사람이라도 외칠 충분한
자격이 있습니다.

"나도 '한 방'이 있다!"

그렇습니다. 당신의 존재는 유전자의 기적이 증명하고 있습
니다. 그뿐일까요? 당신의 유전자는 이미 지난 15만 년 수렵채
취기를 거치는 동안 온갖 간난(艱難)과 도전 속에서 보존해온
엄청난 능력을 고스란히 담고 있습니다. 이것보다 더 확실하게
당신의 존재를 근원적으로, 우주적으로 증명해주는 것은 없습
니다. 어찌 '기적'이 아니고, 어찌 '한 방'이 아니겠습니까!

하물며 지금 당신에게는 그 어떤 상황에서도 사랑하고 믿어
주는 가족이 있지 않습니까? 당신의 우주와도 같은 기적을 이
어가기 위해 당신은 또 하나의 기적을 만드는 데 성공한 것입
니다. 마흔 살, 그동안 세상을 살아온 경험과 삶의 지혜를 확실

 마흔 살의 승부수

하게 다잡아가는 나이… 그렇습니다. 당신은 아직 기회를 잡지 못했다 뿐이지 진실로 괜찮은 가능성을 가지고 있습니다. 30대의 긍정은 자칫 교만으로 비춰지기 쉽고, 50대의 긍정은 쉽사리 체념으로 치부되기 쉽습니다. 그러나 당신의 긍정은 점프를 앞둔 스프린터의 절제된 탄력을 닮았습니다.

마흔은 다시 도전할 수 있는 나이라고 생각합니다. 진정으로 변화와 맞설 수 있는 세대가 바로 마흔이 아닐까요? 30대와 50대 사이에 끼인 무슨 '샌드위치 세대'라는 식의 비하도 있었지요. 하지만 아닙니다. 오히려 30, 50 두 세대의 강점을 보다 적극적으로 움켜쥔 채 단점을 보다 차분하게 수정해나갈 수 있는 세대입니다. 당신들이야말로 컴퓨터 마인드에 경제 마인드, 그리고 네트워킹 마인드를 트리플로 함께 공유하기 시작한 첫 세대가 아닌가요?

그뿐인가요? 당신들은 지난 30년, 한국사회의 격변을 맨 앞에서 함께 겪고 함께 호흡해 왔습니다. 그 정도면 세상을 충분히 이해하는 세대라고 할 만합니다. 한편으로는 변화의 엄청난 위력을 제대로 이해하면서도, 다른 한편으로는 이 변화를 도저히 피해갈 수는 없다고 냉혹하게 현실을 인정하고 끌어안을 수 있는 세대. 그것이 당신들입니다. 그동안 준비된 경험과 담력을 바탕으로 변화의 심장부로 성큼성큼 걸어갈 수 있는 용기 있는 나이. 그것이 '마흔 살'입니다.

　마흔은 무엇보다 지혜라는 것을 제대로 아는 나이입니다. 당신들은 그 어떤 세대보다 더 확실하게 더 아프게 세상 모든 것의 본질을 깨달았습니다. IMF와 세계화의 태풍 속에서 '과거'라는 것이 절대 나와 내 사랑하는 가족들을 지켜줄 수 없다는 것을 목격했습니다. 정부와 회사가 무력하기 짝이 없다는 것을 받아들여야 했습니다. 이 아픈 성숙을 통해 당신들은 국가와 사회가 나갈 길을 가장 냉정하게 알아내고 선택하는 세대가 되지 않았나요? 한국사회가 노령화 사회를 넘어 노령사회에 진입하면, 남은 생이 지금까지 살아온 생보다 더 길 수 있다는 진실을 끌어안는 세대이기도 합니다. 당신들은 앞으로 40년~50년 남은 기나긴 생을 손님 아닌 주인으로 헤쳐 나가야 합니다. 당신은 지혜롭게도 이 모든 것을 알아챈 채 진지하게 미래를 준비할 것이 틀림없습니다.

　앞으로 당신은 새로운 미래를 위해 새로운 승부의 길로 나설 것입니다. 공격의 길도 있을 수 있고, 방어의 길도 있을 것입니다. 위험하면서도 매력적인 그 길에서 당신은 여러 가지 간난을 이겨내야 합니다. 어떤 때는 견고한 상대방의 방어선을 돌파하기 위해 전격작전에 돌입해야 할지도 모릅니다. 어떤 때는 거세게 달려드는 경쟁자를 맞아 피를 말리는 진지전을 무릅써야 할지도 모릅니다. 때로는 아내와 함께 연합작전을 벌일 수도 있고, 때로는 아들의 아이디어 하나로 활로가 열릴지도 모릅니다.

다 사랑이 말해줄 것입니다. 당신이 그들을 얼마나 사랑하고 믿었느냐에 따라 가족이, 동창이, 친지가 끝까지 당신과 함께할 것입니다. 이 책에 나오는 크고 작은 주인공들이 바로 고난과 환난 속에서 믿음과 사랑과 인내로 감동에 이르고 있지 않습니까?

도전하십시오. 오직 도전하는 사람만이 승리를 잡을 수 있습니다. 도전해야만 패배라도 쥘 수 있습니다. 그게 진실입니다. 패배? 두려워하지 마십시오. 한 번 졌다고 주저앉지 마십시오. 다시 일어서십시오. 두 번 졌다고? 다시 일어서십시오. 바둑 한 판에도 최소 5번의 승부처는 온다고 합니다. 하물며 사람의 일에야…. 7번 쓰러지고 8번 일어나는 이도 세상엔 그득합니다. 너무나도 힘들고 어려워 몰래 주방 구석에 숨어 울다가 아내에게 들킨 사나이도 끝내 성공하고 있지 않습니까? 그래서 당신들 마흔 살의 실화는 그 어떤 영웅들의 신화보다 우리에게 소중합니다. 건투를 빕니다.

차례

프롤로그

|서신| 마흔 살 아우가 50대 선배에게 · 4

|답신| 50대 선배가 마흔 살 아우에게 · 10

1 마흔, 역전은 시작됐다

마흔이야말로 승부 걸 타이밍 · 22

가지 않은 길을 걸어보라 · 26

주저앉기엔 아직 멀었다 · 30

장애와 결핍도 힘이다 · 34

두 어깨로만 견딘다 · 39

시작한 곳에서 끝장을 본다 · 45

인덕, 가장 큰 자산 · 52

최상의 상황은 언제나 지금이다 · 57

맷집도 힘이다 · 62

역사 속의 마흔 살 · 콜럼버스, 간디 · 68

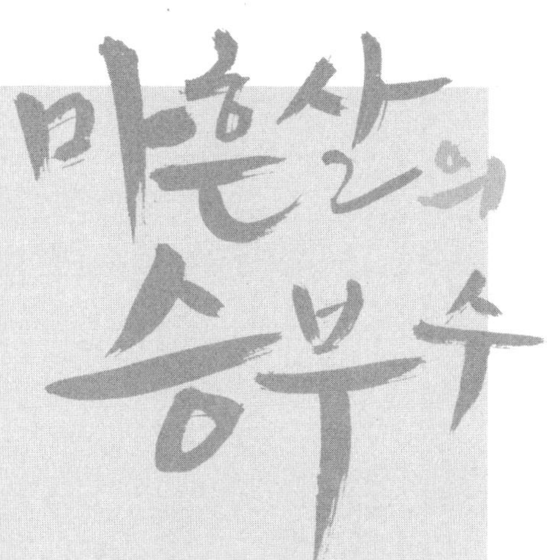

2 죽을 각오로 승부하라

신이라도 지난 것은 바꿀 수 없다 · 76

풍요는 위기를 먹고 자란다 · 80

객사(客死)의 각오로 승부하라 · 85

실패하라 · 91

주변 사람들은 모두 당신 팬이다 · 96

시작하기 전 최고의 자산을 쌓아둔다 · 102

성공의 기본기 · 109

통찰력은 힘이 세다 · 116

사람 좋아하는 사람을 당해낼 수 없다 · 123

역사 속의 마흔 살· 록펠러, 세종 · 129

3 간절히 원하면, 분명 보인다

영업, 뚫으면 보인다 · 138

변화하라 · 145

빠르면 빠를수록 좋다 · 151

주변에 널린 아이템, 그것을 잡아라 · 157

성공의 세포분열법 · 163

영업직이야말로 요직이다 · 169

간절히 원하면, 분명 보인다 · 176

대세가 아니라 맥을 짚어라 · 182

역사 속의 마흔 살·카이사르, 이에야스 · 189

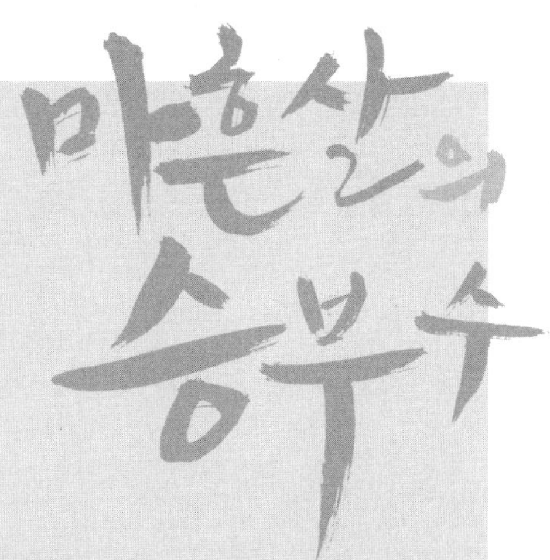

4 마흔이라는 것

목표의식을 분명히 하라 · 198

명승부를 꿈꿔라 · 205

40대의 손익결산서 · 213

당신도 '한 방'이 있다 · 218

뒤로 가는 꿈, 앞으로 가는 꿈 · 223

마흔 살의 검은 유혹 · 229

머리끝에서 발끝까지 바꿔라 · 235

누가 뭐래도 가족이 최고의 스폰서 · 242

| 독자좌담회 | · 248

| 참고문헌 | · 255

1

마흔, 역전은 시작됐다

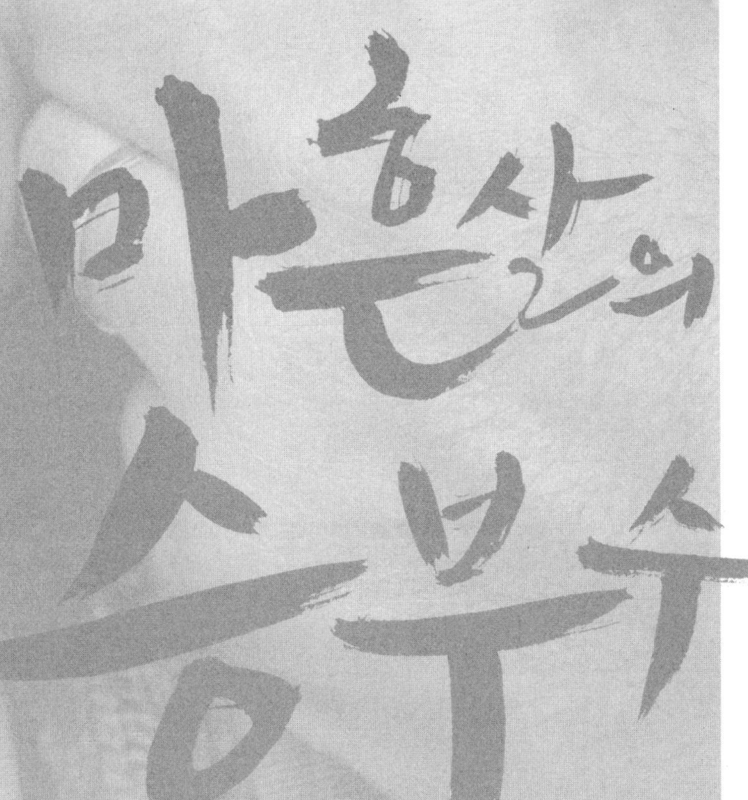

마흔이야말로 승부 걸 타이밍

세상의 유혹에 빠지지 않는 나이. 그래서 불혹(不惑)이라 했다. 그러나 이제 바위처럼 흔들리지 않는 마흔을 이야기하는 사람은 없다. 오늘날의 마흔 살은 누가 흔들기 전에 스스로 움직이기 때문이다. 그렇게 마흔 살은 실패가 두려워 움직이지 않는 사람과 새로운 도전을 꿈꾸며 앞으로 나가는 두 경우로 나뉠 뿐이다.

마흔 전에 번 돈은 자기 돈이 아니다

"5년 뒤, 10년 뒤의 미래가 보이지 않았습니다."

창업신화를 써 내려간 40대들의 한결같은 말이다. 미래가 보이지 않았으므로 그들에겐 더더욱 도전이 필요했다. 더 이상 손을 놓고 있다간 이 불투명한 현실이 '고정'을 넘어 '고착화'의 단계에 이를 것임을 알았기 때문이다. 그래서 그들은 고착화 이전에 승부수를 던질 적기가 40대라고까지 단언한다.

"나이 마흔 전에 번 돈은 자기 돈이 아니라는 말이 있는데, 이는 그만큼 경험이 필요하다는 뜻입니다. 성공과 실패, 성장과 쇠퇴를 균형 있게 보려면 경험과 물리적인 나이가 갖춰져 있어야 한다는 게 평소 제 생각입니다."[1]

패션 란제리 업체 'M코르셋' 문영우(48) 사장의 말이다. 연 매출액 130여억 원을 돌파한 중견기업 M코르셋은 마흔에 이른 그의 경험과 도전의지를 먹고 자랐다. 창업을 하기 전 그는 '삼성물산'의 요직을 거치며 승승장구하던 엘리트였다. 하지만 그는 45살 되던 해에 안정된 직장을 버리고 자기 회사를 차리는 모험을 강행했다. 40대의 나이야말로 인생을 건 진검승부에 나설 가장 적절한 때라는 믿음 때문이었다.

문영우 사장은 우리의 현실이 젊음의 패기와 열정 하나로 좌지우지할 수 있을 만큼 호락호락하지 않다고 말한다. 그래서 그는 '물리적 나이'의 중요성을 강조한다. 쉽게 말해 이 진창, 저 수렁 다 굴러본 사람이 조금이라도 더 잘 구르는 요령을 알기 마련이고, 한 살이라도 더 먹은 사람이 결정적인 순간 나잇값을 하게 된다는 것이다.

쥬얼리 업체 '세미성'의 대표이자 보석디자인협회장을 맡고 있는 이영미(49) 사장의 말도 비슷하다. 과학교사를 하던 40살 때 내면으로부터 터져 나오는 도전에 대한 갈망으로 승부에 나섰다고 한다. 그래서인지 40대와 승부의 함수관계에 대해 이렇게 정의를 내린다.

"젊은 나이였다면 바로 결과물이 안 나오는 것에 대해 쉽게 포기하고 새로운 길을 찾아갔을지도 모르지요. 그러나 40대에 시작해서 이 일이 아닌가봐 하고 또다시 바꾸기는 쉽지 않습니다. 좀 더 호흡을 길게 하고, 장기적으로 바라보는 눈을 가질 수밖에 없지요. 지금 생각해 보면 그렇게 여유 있게 보고 기다려 온 것이 지금의 위치에 올 수 있는 발판이 된 것 같아요."[2]

그 말이 맞는다면 마흔은 틀림없이 불혹의 연배다. 하지만 세상의 유혹에 흔들리지 않기 때문에 그렇게 말하는 것은 아니다. 도전에 나선 40대는 오히려 삶을 근본적인 흔들림 속에 놓는다. 그러나 결과에 조급해하지 않고, 더 나은 가능성을 찾아 좌고우면하지도 않는다는 측면에서 진정한 불혹으로 거듭나는 것이다. 물리시간에 배운 힘의 공식 'F=ma(힘은 중량과 가속도에 비례한다)'처럼 40대가 갖는 질량과 스피드가 엄청난 파괴력을 갖는 건 바로 그 때문이다.

시도하지 않은 도전은 부메랑이 돼 날아온다

도전은 언제나 불안을 동반한다. 본격적인 중년을 맞이하는 40대가 안정에 목매다는 이유도 그것이다. 그러나 필요한 때 시도하지 못한 도전은 늘 부메랑이 되어 삶을 위협할 수밖에 없다. 40대에 인생의 승부를 걸어 성공을 거둔 많은 이들은 이렇게 말한다. '눈앞에 떠오르는 고만고만한 미래가 보이는 순간 도저히 승부 결단을 미룰 수 없었다'고. 설혹 운 좋게 풍족한 노년을 보낼 수 있게 되더라도 마찬가지라고 한다. 하늘로 돌아가는 날, '마지막 한 방울까지 최선을 다해 내 인생을 살았다'는 충족감 없이는 죽어서도 눈을 감지 못할 것 같았기 때문이라는 것이다.

그래서 그들은 이렇게도 말한다. '40여 년의 세월을 보내며 쌓아온 경륜과 지혜의 깊이, 어떤 경우에도 흔들리지 않는 바위 같은 저력을 낭비하지 말라'고. 때를 놓치면 돌아오는 건 후회밖에 없고, 유감스럽게도 그 후회는 세상 무엇으로도 보상받지 못한다는 것이다.

가지 않은 길을 걸어보라

미국의 어느 경찰서에 한 건의 실종신고가 접수됐다. 버스 한 대와 운전기사가 감쪽같이 사라져버린 것이다. 정해진 시간에 정류장에 도착하지 않는 버스 때문에 승객들의 항의는 점점 거세졌다. 마침내 버스회사는 경찰에 실종신고를 낼 수밖에 없었다.

경찰은 납치의 가능성을 염두에 두고 수사에 나섰다. 그러나 곧 발견되리라는 예측과 달리 집채만 한 버스는 좀처럼 눈에 띄지 않았다. 드디어 담당 경관의 머릿속에 운전기사에 의한 자작극, 곧 절도의 가능성이 맴돌았다. 그 즈음 도시의 변두리에 나가 있던 또 다른 경관으로부터 연락이 왔다. 버스를 찾았다는 것이다.

담당 경관 앞에 끌려온 운전기사는 중년의 사내였다. 흥분이 채 가시지 않은 그의 얼굴엔 아직도 기쁨과 아쉬움이 어지럽게 교차하고 있었다. 왜 이런 일을 저질렀냐는 경관의 추궁 앞에 운전기사는 이렇게 답했다.

"수십 년 동안입니다, 경관 나으리. 나는 왜 그 시간이면 반드시 그 자리에 있어야만 했던 걸까요? 왜 나의 하루는 누군가 정해준 선 밖으로는 한 치도 벗어날 수 없었던 걸까요? 난 그저 내가 갈 수 없었던 길을 가보고 싶었을 뿐입니다."

날마다 지키지 않으면 안 되었던 틀에 박힌 삶의 노선. 그것을 벗어나고 싶었던 그는 스스로 운전대를 돌려 가고 싶던 길을 마음껏 달렸다. 불과 몇 시간 만에 끝나버린 탈출극이었지만 그의 가슴속에 자유의 환희와 미래의 가능성이 싹트기에는 충분했다. 그것이 그의 남은 생애를 어떻게 바꿔놓을 것인지는 충분히 짐작이 가지 않는가.

빛바랜 기억의 창고 속에 있는 어느 소설의 한 장면이다.

혼란과 불안 속에 새로운 길이 있다

우리에게도 가고 싶으나 갈 수 없던 길이 있다. 지금 우리에게 주어져 있는 건 그 길을 걸을 수 있는 마지막 선택의 기회이다. 물론 그 기회를 쉽게 활용할 수는 없다. 비교적 단순하고 명쾌했던 모든 선의 헝클어짐, 결과가 예측되지 않는다는 혼란스러움이 결단을 막아오기 때문이다. 벗어날 것인가, 말 것인가. 한 가지 확실한 건 일단 벗어나보지 않으면 그 결단이 옳은지 그른지 영원히 알 수 없다는 것이다.

2003년 초, 불혹을 눈앞에 둔 이재구(43) 씨는 성남 인하병원 방사선과를 과감히 그만뒀다. 두 가지 이유 때문이었다. '정해진 시간에 정해진 보수를 받는 일은 더 이상 하고 싶지 않다'는 것. 또한 '병원이라는 좁은 공간에서 세상과 동떨어져 살고 싶지 않다'는 게 그 이유였다.

"전문직인 만큼 정년은 거의 보장받은 거나 마찬가지였죠. 그런데 한 10년 하다보니 40대에는 뭔가 다른 일을 해야겠다는 생각이 들더라고요. 마흔이라는 나이가 뭔가 도전하기 좋은 때라고 생각했어요. 그래서 굳이 창업을 앞당겼습니다."

이재구 씨는 퇴직금과 저축을 털어 분당에 조그만 생맥주 전문점을 열었다. 결과에 대한 두려움이 없었던 건 아니다. 또한 창업 이후 그의 삶이 크게 나아진 것도 아니었다. 그러나 그는 120% 만족하고 있다고 했다. '지금껏 후회해본 적이 없을 뿐더러, 설령 첫 도전에 실패한다고 하더라도 큰 후회는 없을 것 같다'는 것이 그의 말이다. 그에게는 스스로 창조해나갈 더 나은 미래와 자유에 대한 확신이 있기 때문이다.

"그런 기대를 갖고 하루하루 더욱 열심히 사는 것만으로도 충분히 창업의 보람을 느낍니다."[3]

모든 승부의 길이 그와 같을 수는 없다. 그러나 본질은 같다. 익숙한 것과 결별하고, 새로움을 창조해나간다는 면에서 모든 승부는 혼란과 동전의 양면을 이루기 때문이다.

성서에 '태초에 말씀이 있었다'는 구절이 있다. 그러나 과학 자들은 '태초에 혼돈이 있었다'고 말한다. 창조의 모태 카오스가 그것이다. 승부의 기로에 선 40대는 카오스 속에 놓여 있다. 혼돈은 괴로운 것, 피해야 할 무언가가 아니다. 그것이 없다면 더 나은 것, 더 새로운 시간을 만들어나가는 삶의 창조도 없을 것이기 때문이다.

만일 당신의 가슴속에 현재의 삶에 대한 한탄과 알 수 없는 설렘, 불안과 희망이 실타래처럼 교차하고 있다면, 기뻐하자. 새로운 시간도 그만큼 가까이 있기 때문이다.

주저앉기엔 아직 멀었다

　울산시 남구 여천동에 가면 석유화학 장치산업업체 '(주)메츠'라는 특이한 기업을 만날 수 있다. 설립된 지는 겨우 5년. 그러나 내로라하는 경쟁사들을 누르고 해외시장을 장악한 업계의 소문난 강자다. 메츠는 창업 첫 해부터 180억 원의 매출을 달성했다. 2006년도의 예상매출은 250억 원이었다. 메츠는 출발부터 알짜배기 중견기업 못지않은 실적으로 화제를 불러일으켰다.

　그런 회사가 '특이하다'고 한다면 무엇 때문일까? 역시 첫 해부터 쌓아올린 놀라운 실적 때문일까? 그렇지 않다. 메츠의 특이함은 실적이 아니라 사람에게서 나온다. 프로야구단 '한화이글스' 김인식 감독의 별명은 '재활공장장'이다. 나이가 많아 퇴

물취급을 받으며 길거리로 나앉은 선수, 부상으로 채 꽃피기도 전에 시들어버린 선수…. 김 감독은 그런 선수들을 불러 모아 '넌 다시 일어설 수 있어'라는 자신감을 심어준다. 그리고 다시 일어설 때까지 한번 준 신뢰의 눈길을 거두지 않는다. 자신이 아직 세상을 위해 쓸모가 있다는 사실, 더구나 누군가 자신을 굳게 믿어준다는 기쁨 속에서 선수는 피나는 재활훈련의 과정을 거친다. 그리고 예외 없이 야구판으로 돌아와 세상을 놀라게 하는 재기의 주인공이 된다.

메츠를 이끌고 있는 이중희 대표도 마찬가지다. 그 역시 삶의 패배자들을 불러 모아 다시 일으켜 세운 재활공장장 역할을 자처했다.

"당시 30대 중반~40대 초반이던 부하직원들에게 '우린 다시 할 수 있다'는 의지를 심어주는 게 가장 힘들었습니다."

그렇다. 메츠의 특이함은 바로 회사 전체가 재활공장이라는 사실에 근거한다. 37명의 직원 모두가 1막 인생의 실패자들, 이런저런 이유로 회사에서 떨려난 기구한 사연의 주인공들이었다. 하지만 그들은 주저앉지 않았다. 아직 가야 할 길이 살아온 시간만큼 창창하게 펼쳐져 있음을 잘 알고 있었기 때문이다. 그래서 그들은 이 대표의 부름에 응해 회사를 창업하는 데 힘을 보탰다. 서로를 독려하며 이전과는 비교조차 할 수 없을 정도로 모질게 일하는 길을 택한 건 물론이다.

"전 직원 모두가 두 번 실패는 없다는 굳은 의지로 뭉쳤습니다. 회사를 창업하자마자 전 직원들이 놀라운 능력을 발휘한건 그 때문이었지요."

메츠가 일군 놀라운 실적의 비밀은 바로 거기에 있었다.[4]

담보는 굳은살 박인 손바닥뿐

고문(拷問)의 역사는 인간의 의지가 삶과 죽음에 얼마나 큰 영향을 미치는지 잘 증명해준다. 한 고문자가 죄수를 잡아와 눈을 가리고 고문대 위에 엎드리게 했다. 그는 죄수의 등을 살짝 베어낸 뒤 '넌 피를 많이 흘려 곧 죽게 될 것이다'라고 말했다. 그러고는 36도의 물을 부어 마치 피가 철철 넘치는 듯한 느낌을 받게 했다. 놀랍게도 죄수는 오래지 않아 죽고 말았다. 그가 흘린 진짜 피는 얼마 되지 않았지만 심리적 출혈은 그렇지 않았다. 과다출혈된 체념의 피, 절망의 피가 그를 죽음으로 이끈 것이다.

1906년 샌프란시스코에 대지진이 났을 때였다. A. P. 자니니의 '뱅크 오브 아메리카'도 도시와 함께 무너지고 불타버리고 말았다. 그러나 자니니는 좌절하지 않고 곧 폐허 위에 두 개의 드럼통을 세웠다. 그 위에 널빤지를 올려놓고 재기에 나선 사람들에게 대출을 시작했다. 이때 그가 담보로 삼았던 것은 무엇이었을까? 놀랍게도 손에 박인 굳은살뿐이었다. 자니니는 그것이 그 사람의 과거와 미래를 한꺼번에 말해준다고 생각했던 것이다.

'실패도 노력한 자만이 얻을 수 있는 훈장'이라는 말이 있다. 실패했다고 절망하거나 주저앉아 있을 이유가 없는 건 그 때문이다. 반드시 다시 일어서겠다는 의지, 이제껏 뼛골 빠지게 일해 온 성실성만 있다면 충분하다. 우리는 다시 일어설 수 있을 뿐만 아니라, 누군가에게 남겨줄 삶의 횃불이 될 수도 있는 것이다.

장애와 결핍도
힘이다

장사의 성공은 바로 좋은 목에 달려 있다고 한다. 그래서 좋은 목을 차지하기 위한 경쟁은 언제나 치열하다. 대부분의 사람들이 길게는 1년 넘게까지 발품을 팔고, 창업비용의 대부분을 그것에 쏟아 붓는 것도 그 때문이다.

하지만 어떤 이들은 그렇지 않다. 그러고 싶어도 가진 게 너무 없기에 그런 경쟁에 끼어드는 건 엄두도 내지 못한다. 그래서 그들은 오히려 자신의 결핍과 척박함에 승부를 건다. 가진 게 없다는 조건이야말로 가장 빛나는 승부의 자산이 될 수 있다는 지혜를 일찌감치 깨달은 탓이다.

"너무 가난해서 어린 나이에도 돈에 집착이 강했습니다."

음식 프랜차이즈 기업 '퍼시픽씨푸드' 배대열(49) 사장의 말이다. '별난 버섯집', '해초의 꿈', '고향 재첩국', '다슬기 마을', '복 터진 집' 등은 배 사장이 이끄는 브랜드들이다. 퍼시픽씨푸드의 가맹점은 전국적으로 4백여 개. 그래서 그에게는 '음식재벌'이란 별명까지 붙었다.

하지만 그의 이런 성공도 결핍 없이는 불가능한 것이었다. 결핍이 갈망을 만들어내고, 그런 갈망 속에서 그는 스스로를 '별난 사람'으로 만들며 세상의 상식에 저항했다. 장사는 목이 전부라는 편견에 저항해 유동인구가 단 한 사람도 없는 외진 곳에 점포를 열었던 것도 그 때문이다. 그러고도 그는 당당했고, 스스로 성공을 확신했다. 이겨낼 수만 있다면 성공은 조건이 아니라 안목과 실력 속에 승패가 결판난다는 사실을 알고 있었던 것이다.

중학교 졸업장만 손에 쥔 채 이른 나이부터 험한 세파와 맞서 싸워야 했던 배 사장. 그는 리어카 행상에서부터 봉투 만들기, 얼어붙은 수도 녹이기 등 해보지 않은 일이 드물 정도로 세상과 싸웠다. 그처럼 모진 고생을 거친 뒤 그는 28살이라는 늦깎이 나이로 한양대 정외과에 입학했다. 졸업을 한 건 32살. 당연히 '나이제한' 때문에 취직은 꿈조차 꿀 수 없었다.

그가 취직 대신 시작한 사업은 전국을 돌며 식자재를 납품하는 일이었다. 다행히 사업은 순조로웠고, 2~3년이 흐른 1993년에는 연 매출 20억 원을 올리는 기염을 토하기도 했다. 하지만 성공의 단맛에 취한 그는 순간의 판단 착오로 큰 실패를 경험한다. 섣부르게 중국시장을 겨냥했다가 사기를 당해 전 재산을 날린 것이다.

물론 어린 나이부터 쓴맛 단맛을 다 본 그가 쉽게 주저앉을 리는 없었다. 그는 식자재 납품 일을 하며 눈여겨본 잘 되는 식당의 조건을 자신의 재기에 적용해보기로 했다. 한마디로 그가 발견한 성공의 필수조건은 '목'이 아니었다.

"식당장사는 목이 없습니다. 좋은 목이면 권리금에 보증금에, 임대료는 또 좀 비쌉니까? 오히려 음식 맛과 서비스로 손님을 만족시키는 데 공을 들이는 것이 성공의 지름길입니다."

그래서 그는 경기도 서하남인터체인지 부근 산기슭에 '별난 버섯집'이라는 음식점을 열었다. 앞서 언급했듯 유동인구가 단 한 사람도 없는 '죽은 가게 터'였다. 평당 인테리어 50만 원을 포함해 단돈 2,000만 원을 들인 창업. 주변 사람들로부터 '미쳤다'는 말까지 들었다. 하지만 그의 도전은 세상의 상식을 깨며 멋진 장타를 날렸다. '오직 맛이 전부'라는 독특한 경영 철학을 바탕으로 하루 매출 1,000만 원이라는 기적을 만들어냈던 것이다.

"저는 자신 있었습니다. 꽃이 아무리 깊은 산중에 피었어도 꿀을 따려 벌이 스스로 찾아오지 않습니까? 맛있으면 오게 돼 있습니다. 그게 식당입니다."

그렇듯 그의 결핍은 오히려 승부의 핵심요소에 시선을 집중시켜주는 요소로 작용했다. 그 속에서 그는 온갖 신기루를 걷어낸 채, 조건이 아니라 핵심으로 승부하는 올바른 방식을 택할 수 있었다. 그것이 그보다 여유롭게 출발한 모든 이들을 넘어선 성취의 배경이 되었고, 37살의 실패자를 성공한 40대로 탈바꿈시킨 비결이었던 것이다.

물론 창업으로 거는 승부에 입지 선택이란 요소가 중요하지 않을 리 없다. 그러나 결핍을 이겨내겠다는 강인한 의지, 가진 게 없기에 오히려 승부라는 이름이 부끄럽지 않다는 사실을 증명한 것만으로도 그가 벌인 승부의 진면목은 빛을 발하고 있는 것이 아닐까.[5]

장애물이 클수록 큰 바퀴를 달아야 한다

소아마비와 가난 탓에 고등학교 2학년 때 자퇴해야 했던 '길라씨엔아이'의 김동환(49) 사장. 지금은 200억 원대의 연 매출을 올리는 기업의 CEO이지만 그도 성공에 이르기까지 계란장수, 택시기사 등 안 거쳐본 직업이 없다. 그는 가난, 신체적 장애, 보잘것없는 학력이라는 결핍의 '삼중고'를 뚫고 누구보다 큰 성취를 이뤄냈다. 김 사장은 현실의 장애와 승부의 관계에 대해 이렇게 정의를 내린다.

"바퀴의 크기와 넘을 수 있는 장애물의 크기는 비례합니다. 장애가 클수록 큰 바퀴를 달아야 하듯 주어진 환경이 힘겨워도 자신의 역량을 키우는 노력을 기울여야 합니다."[6]

그리스의 역사학자 헤로도토스는 '이집트 문명은 나일강의 선물'이라고 했다. 범람하는 강물을 치수(治水)하고자 하는 노력이 천문, 지리, 수학, 과학 등을 발전시켰고, 그것이 곧 문명의 뼈와 살이 되었다는 것이다.

가진 것 없이 승부에 나선 마흔 살에게 척박한 현실은 무엇보다 큰 도전이다. 그러나 효과적이고 효율적인 응전의 지혜만 갖추고 있다면 넘지 못할 산은 없다. 오히려 도전의 높은 수위는 결과물의 가치를 높이는 정비례의 관계를 만들어내기까지 한다. 배대열, 김동환 사장의 사례가 그것을 잘 증명해준다.

두 어깨만으로 견딘다

　41살에 식당업을 시작해 제법 큰 성공을 거둔 A(46) 사장. 그는 '죽겠다'는 말을 입에 달고 산다. 담배를 하루에 두 갑이나 피우고, 머리카락도 반백으로 변한 터라 엄살로는 들리지 않는다. 웬만한 40대는 꿈꾸지 못할 성공의 주인공인지라 궁금하지 않을 수 없었다. '뭐가 그리 죽겠냐'는 질문에 그는 이렇게 대답했다.

　"육신의 고통도 그렇지만 무엇보다 괴로운 건 외로움이에요. 깜깜한 바다 한가운데서 등대 하나 없이 암초밭을 지나는 기분이랄까. 이 짐을 누구에게 떠맡길 수도 없어서 더욱 외롭습니다. 생각해보면 회사 다닐 때가 편했지요."

모든 결정, 결과의 책임을 온전히 자신의 두 어깨로 짊어지는 상황. 인생의 본질 자체가 그렇다는 걸 모르진 않지만 막상 체감하는 무게는 상상할 수조차 없다는 얘기였다. 그렇다면 외로움을 함께 나눌 누군가를 찾아보면 어떻겠냐고 물어보았다. 그는 고개를 가로저었다.

"저는 원래 동업이란 걸 높게 평가하지 않습니다. 시너지효과라는 게 50을 가진 두 사람이 부족한 부분을 채워 100을 만드는 것일까요? 그렇지 않습니다. 온전히 자기 앞가림을 하는 100이 합쳐져 300, 400을 만들어내는 게 진정한 시너지지요. 저는 아직 100을 채우지 못했기 때문에 한동안은 동업할 생각이 없습니다."

그러므로 그는 어쩌면 마지막 순간까지 외로움을 숙명처럼 안고 갈지도 모른다. 너무 외로워서 그 모든 짐을 떠안고도 남을 만큼 넉넉한 어깨를 만드는 수밖에 없다고 한탄하면서 말이다.

자력으로 승부하라

전국 체인점 700여 개, 일본은 물론 미국 라스베이거스로까지 발걸음을 넓히고 있는 죽전문프랜차이즈 '본죽' 김철호(44) 사장. 그도 동업 실패를 통해 자력으로 이끌어가는 승부의 중요성을 깨달은 사람이다.

지금은 내로라하는 성공의 주인공이 됐지만 그에게도 힘겨운 시절은 있었다. 36살의 나이에 운영하던 회사가 망하고, 가족과 함께 무일푼으로 거리로 내몰렸던 것이다. 그가 남달랐던 건 그런 와중에도 절치부심 재기를 위한 노력을 멈추지 않았다는 점이다. 작은 음식점이라도 차려보겠다며 그는 요리학원 문을 두드렸다. 허드렛일을 하는 것으로 학원비를 대신하겠다고 조르고 조른 끝에 배움의 기회를 얻어냈다.

하지만 가장으로서 식솔들을 책임져야 했던 그는 요리공부에만 전념할 수는 없었다. 결국 그는 숙명여대 앞에서 호떡 장사를 시작했다. 낮에는 학원에서 일하며 공부하고, 밤에는 호떡을 파는 생활이었다.

"지하철표 살 돈이 없어서 역무원에게 통사정을 하고, 애들에게 밥 대신 호떡으로 끼니를 때우게 하던 참혹한 시절이었지요."

그래도 그는 좌절하지 않았다. 오히려 입술을 깨물며 언젠가 찾아올 재기의 기회를 기다렸다. 그런 그에게 한줄기 빛이 비추었다. 먹고살라며 호떡장비를 대준 고마운 친구가 동업을 제의해왔던 것이다. 요리학원을 하며 창업컨설팅까지 해주는 사업이었다. 김 사장은 그것을 재기의 승부수로 삼았다. 더 이상 물러설 곳도 없었지만, 굴곡 많던 지난날의 경험을 통해 사업을 성공으로 이끌 자신이 있었기 때문이다.

다행히 사업은 순조롭게 풀려갔다. 그 무렵에는 창업컨설팅까지 해주는 요리학원이 드물었기 때문에 이 신선한 아이템은 금방 빛을 발했다. 사업이 본궤도에 오르자 김 사장의 처지도 크게 나아졌다. 친구의 동업제의는 자신의 승부욕구와 가족의 생존을 동시에 해결해준 하늘에서 내려온 동아줄이었던 셈이다.

하지만 잠시 뒤 고마운 동아줄은 감쪽같이 사라져버리고 김 사장의 손에는 아무것도 남지 않게 되었다. 그동안 자금을 댔던 친구가 학원운영과 컨설팅 업무까지 맡겠다고 선언했던 것이다. 한순간에 김 사장의 입지가 공중에 붕 떠버린 것이었다. 그의 승부수는 여지없이 깨져버리고, 39살의 나이에 그는 다시 빈털터리 신세로 돌아갈 수밖에 없었다. 당시 그의 심정을 한마디로 표현하자면 이것이었다.

"어차피 남의 것이란 생각이 들더군요."

배신감도 아니고 자괴감도 아니었다. 결국 자신과 가족의 삶, 자신의 승부는 자기 힘으로 책임져야 한다는 간단한 진리를 그제야 뼈에 사무치도록 깨닫게 된 것이다. 그런 깨달음이 아니었다면 본죽은 탄생하지 않았을지도 모른다. 손쉽게 남의 어깨에 기대지 않는 것. 오직 자신의 두 어깨로 승부를 일구려는 의지 속에 탄생한 것이 바로 본죽이기 때문이다.

친구와 헤어진 그는 창업컨설팅을 하며 눈여겨보았던 죽 전문점의 미래에서 새로운 희망을 찾았다. 이후 6개월간 그는 오로지 맛을 내기 위해 밤낮을 가리지 않았다. 그렇듯 피나는 노력 끝에 김 사장은 13가지의 레시피와 조리법을 개발해 승부를 위한 기초조건을 마련했다. 하지만 문제는 여전히 남아 있었다. 주머니 속 먼지까지 털어도 구멍가게 하나 내지 못할 자금이 바로 그것이었다. 쉽게 생각한다면 이 대목에서도 방법은 있었다. 모두가 그렇게 하듯 좋은 아이템을 제시하고 돈 댈 사람을 찾는 일이었다. 다시 한 번 남의 도움에 의지하는 길이었다.

그러나 김 사장은 과감하게 그 방법을 뇌리에서 지웠다. 자력 승부의 길로 나서기로 결심한 것이다. 이면도로에서도 30미터나 더 들어간 대학로의 후미진 골목, 2년 동안 네 사람이 망해 나간 덕분에 헐값에 나온 가게를 얻어 장사를 시작했다. 지독히도 나쁜 상권이었기에 그가 의지할 수 있는 건 오직 맛과 서비스뿐이었다. '죽 장사가 되겠느냐'는 사람들의 비웃음에도 아랑곳하지 않고 오직 고객을 만족시키고 단골을 만드는 일에 최선을 다했다. 그 노력의 결과는 지금 우리가 보는 그대로이다. '문 열면 망한다'는 가게를 바탕으로 그는 세계로 뻗어가는 거대 프랜차이즈 기업의 CEO로 거듭났던 것이다.

김 사장이 자력 승부의 원칙을 강조하는 건 사업이 성공가도를 달리는 지금도 마찬가지다. 본죽의 가맹점주를 희망하며 찾아오는 이들은 대부분 그처럼 어려운 시절을 겪었거나 새 희망을 꿈꾸며 승부를 시작하려는 사람들이다. 그는 그들에게 반드시 죽 쑤는 법을 가르친다. 본사에서 '공식품질인증제도'를 마련하고 요리법을 비롯한 일체의 노하우를 제공하지만, 죽 쑤는

법을 모르는 죽 가게 주인은 절대 성공할 수 없다는 신념 때문
이다. 곧 가맹점주들 모두가 자기 승부의 책임자가 돼달라는
엄격한 기준을 제시하고 있는 것이다. 바로 그 때문에 본죽 가
맹점주들의 실패율은 1%에도 미치지 않는다. 2006년까지 사
업을 중도에 포기한 사람은 겨우 6명. 가맹점주 한 사람이 2개
점포의 주인인 경우는 무려 40%에 이른다. 그처럼 탄탄한 성
공의 비결이 김철호 사장의 독특한 신념으로부터 비롯된 것임
을 짐작하는 건 어렵지 않은 일이다.[7]

앞서 언급했던 A 사장은 이렇게 얘기한다.
"창업으로 승부를 걸고자 할 때는 반드시 자본의 80% 이상
은 자신의 힘으로 마련해야 합니다. 물론 여기서 중요한 건 비
율의 크고 작음이 아닙니다. 그래야만 그 승부가 온전히 자신
의 것이 되는 건 물론, 자신이 정한 리듬과 페이스 속에서 승부
를 힘 있게 이끌어갈 수 있기 때문입니다."
그의 말마따나 그 속에서 맞이해야 할 외로움은 '괴로운 축
배'와 같은지도 모른다. 한 가지 확실한 건 괴로워서 그 잔을 내
려놓는 순간, 더 이상의 승부도 없고, 성공하는 삶도 없다는 사
실이다.

시작한 곳에서
끝장을 본다

마흔 살의 승부를 얘기하면 대부분 직장을 그만두고 시도하는 창업을 떠올린다. 하지만 모든 사람이 그런 것은 아니다. 젊은 날 청운의 꿈을 안고 들어선 회사 문. 조그만 위기 신호에도 개구리처럼 튀어 오르는 사람들과 달리 어떤 이들은 여간해선 그 문을 나서려 하지 않는다. 그들은 '시작한 곳에서 끝장을 보겠다'는 결단으로 마지막 관문에 도전하는 길을 택한다. 그들에게도 틀림없이 마흔 살의 위기가 닥친다. 하지만 그것을 뛰어넘어 꿈꾸던 CEO, 임원의 자리를 쟁취하고야 만다.

겸손으로 CEO 자리에 오르다

5년간(2000~2005년) 연평균 매출 67% 성장, 같은 기간 연평균 이익 150% 성장, 4년 연속(2002~2005년) 서비스대상 수상,

2010년 매출 10조 원 목표.

대형할인점 '홈플러스'로 알려진 '삼성테스코'의 성적표다. 이처럼 화려한 회사의 실적 속에도 그림자는 있다. 바로 IMF 사태 이후 모기업 삼성으로부터 버림받은 어두운 기억이다. 이후 회사는 영국의 다국적 할인점 '테스코'와 합작을 하며 새로운 기업으로 탈바꿈할 수밖에 없었다. 그리고 불과 6년 만에 시장 점유율 19.4%를 차지하는 업계 2위의 회사로 뛰어올랐다.

삼성테스코의 이런 역전 드라마는 한 사람의 리더십에 큰 빚을 지고 있다. 위기의 순간 CEO에 취임하여 지금까지 회사를 이끌고 있는 이승한(61) 대표가 바로 그 주인공이다. 그는 10년 뒤를 내다보는 장기적인 비전과 자신의 경영철학을 접목하여 기울어가던 회사를 단번에 회생시켰다. 그가 추구하는 경영철학은 하나같이 독특하다. '예술경영', '병풍경영', '글로컬경영', '헥사곤경영' 등이다. 그는 기업경영도 예술의 경지까지 도달할 수 있으며, 매년 병풍 한 폭을 완성시켜 나가듯 하나하나 비전을 실현해나가야 한다고 말한다. 이를 위해 글로벌과 로컬 경영을 조화시키는 등 헥사곤(숫자 6을 의미. 가치경영, 글로컬스탠다드, 경영인프라, 목표관리, 혁신, 협력경영)의 방법론을 제시한다.

한마디로 그는 문무를 겸비한 최고의 CEO이자 경영이론가이다. 이런 능력을 인정받아 하버드 강단에 선 최초의 한국유통업체 CEO가 되기도 했다. 그리고 아시아인으로서는 처음으로 하버드 치대의 운영이사 자리에도 올랐다. 그래서 사람들은 이 대표를 대한민국 최고의 CEO 중 한 사람으로 손꼽는 데 주저하지 않는다.

이처럼 화려한 이 대표의 이력 속에도 삼성테스코처럼 어두운 과거가 있다. 현재의 화려함으로는 짐작하기 힘들지만, 마흔 살이 되기 전 부장 승진에서 세 번이나 누락되고 회사를 떠날 뻔한 일이 있었던 것이다. 세 번에 걸친 승진누락. 그건 '이제 당신은 필요 없으니 그만 책상을 비워달라'는 것이나 마찬가지였다. 과장 자리에 오르기까지 그는 승승장구했고, 최단기간 승진기록을 갈아치울 정도로 촉망받는 사원이었다. 그랬기에 절망의 골은 더욱 깊었다. 대체 어떻게 된 일일까?

1970년대 후반, 이 대표가 30대 중반이던 때다. 그는 '삼성물산'의 런던지점장으로 근무하게 됐다. 당시 해외 지점장으로 근무한다는 건 회사 내 엘리트들에게 주어지는 특혜였다.

"당시 런던 주재원들은 가족과 함께 근무하지 못했습니다. 선진국에서 근무하는 것만으로도 특혜라는 인식 때문이었지요. 그 때 인사담당 이사에게 부당한 처사라며 크게 항의한 게 두고두고 화근으로 작용한 것 같습니다."

회사의 고위층들은 그를 곱지 않은 시선으로 봤다. 총애를 믿고 설치는 충성심 없는 이단아. 그에게 찍힌 낙인은 그것이었다. 무섭게 뻗어가던 성장의 기세가 오히려 독이 되었던 것이다.

첫 번째 승진누락 소식이 전해졌다. 이 대표는 분노했다. 하지만 회사가 주는 일종의 ‘페널티’로 생각하고 간신히 감정을 억눌렀다. 하지만 두 번, 세 번 연거푸 누락이 계속되자, 그로서도 사태가 심각하다는 걸 인정하지 않을 수 없었다. 길들이기 차원이 아니라 ‘자, 어디 나갈 테면 나가 봐라’는 얘기였던 것이다.

일개 과장급 직원의 분노 같은 건 그럴 때 아무짝에도 쓸모없는 것이었다. 이 대표는 절망했다. 자신이 ‘떠날 것인가, 굴욕을 참으며 남을 것인가’라는 근본적인 물음 앞에 서게 된 것이다. 자신의 실력이면 어딜 가도 괜찮은 자리 하나쯤은 꿰찰 수 있다는 건 알고 있었다. 하지만 그 순간 이 대표가 선택한 길은 뜻밖의 것이었다. 자존심을 지키며 자리를 박차고 나가는 대신 시작한 곳에서 끝장을 보겠다고 결심했던 것이다. 그래서 그는 경거망동을 피했다. 이제껏 자신에게는 없던 ‘겸손의 철학’을 몸에 익혔다. 한두 번의 실패에 아우성치며 격하게 반응하는 대신, 묵묵히 자신의 임무를 다하며 때를 기다리기로 한 것이다.

그는 그 시련의 시간을 성장의 기회로 활용했다. 실무와 이론을 동시에 겸비한 프로페셔널로 재탄생하기 위해 쉬지 않고 몸부림쳤다. ‘아이디어 뱅크’, ‘연금술사’ 등 오늘날 그가 받는 찬사는 그 무렵 경험들을 바탕으로 만들어진 것이다. 그렇게 위기는 전화위복의 계기로 바뀌고, 이후 그는 실력과 무게감을 갖춘 진정한 베테랑으로 거듭나게 됐다. 회사가 요구하고 강력하게 필요로 하던 인재상을 자기 안에 구현하게 된 것이다.

그는 3전4기의 뚝심을 발휘하며 마침내 부장직에 올랐다. 그의 성공은 그 때부터 본격적으로 시작됐다. 1980년 이 대표는 삼성물산 해외사업본부 총괄 임원이라는 요직에 올랐다. 마흔 살의 나이였다.

"지금 우리 회사의 위상은 '좋은 회사 문턱에 한 발 걸친 정도의 수준'이라고 생각합니다. '위대한 기업'에 이르기 위해서는 아직도 넘어야 할 산이 많습니다."

롯데마트, 월마트, 까르푸 등 유통업계의 거함들을 제친 '홈플러스'의 힘은 이 대표가 지난날의 시련을 통해 얻은 '겸손의 철학' 속에서 나온다. 그리고 삼성테스코는 단단한 성장의 기반 속에서도 자만하지 않고 위대한 기업을 향해 전진하고 있다.

기업만이 아니라 한국의 경제계를 위해서도 그의 존재는 소중하다.

"하버드, 옥스퍼드, MBA에 버금가는 한국적인 비즈니스 모델을 만들 겁니다."

가장 한국적이면서도 동시에 세계적인 경영이론을 확립하기 위한 이 대표의 노력은 오늘도 멈추지 않는다. 그런 노력이 이 대표를 ECR(Efficient Consumer Response) 아시아 회장, 산업계의 UN으로 알려진 GS1(Global Standard1)의 아시아 최초 이사, 10인 집행위원회 위원이라는 화려한 이력의 주인공으로 만들었다.[8]

마흔 살 무렵의 위기와 시련, 그것을 극복하고 자신이 선택한 한 우물을 끝까지 고수하고자 했던 뚝심이 아니었다면 한국 경제계의 거목 하나는 탄생하지 않았을지도 모른다.

오기까지 포기할 순 없다

감당해야 했던 시련이 만만치 않았을 텐데도 CEO나 임원이 된 사람 중에는 의외로 느긋한 사람들이 많다. 그들은 어떻게 하다보니 자리에 올랐다거나, 20년짜리 인생 게임으로 생각하고 묵묵히 일에만 집중한 것이 CEO나 임원이 된 비결이라고 말한다. 그런 그들이 조그만 장애나 좌절에도 옆길을 흘끔거리며 엉덩이를 들썩거리는 태도를 경멸하는 건 어쩌면 당연한 일인지도 모른다.

40대 CEO가 화려하게 등장하는 오늘날도 마찬가지다. 언론의 스포트라이트가 쏟아지는 건 그들을 향해서이지만 그렇다고 그들이 대세까지 차지한 건 아니다. 오히려 50대 CEO가 더 일반적이고, 미래의 최종적인 평가에서 누가 더 실력 있고 인정받는 CEO로 남을 것인지는 아무도 모른다. 그래서 그들은 때가 오기까지 절대 포기하지 말라고 말한다. 마흔 살 무렵의 위기 속에서 오히려 가장 강한 추진력을 발굴해내는 지혜와 용기가 그 어느 때보다 필요하다는 것이다.

인덕,
가장 큰 자산

노규식 씨는 제법 큰 증권회사 상무였다. 증권회사의 오너인 회장은 사채업자 출신으로 매우 개성이 강한 인물이었다. 회장은 날고 기는 사람들이 몰려 있는 돈놀이 세계에서 발군의 실력과 행운을 바탕으로 거금을 벌었다. 그리곤 정식으로 증권회사를 세우고 회장이 됐다. 그는 성실함과 인화력으로 회장의 인정을 받았다. 돈 버는 재주를 스스로 갖춘 회장으로선 성실하고 인간적으로 신뢰할 수 있는 간부가 필요했다고 할 수 있다. 어쨌든 떠오르는 해처럼 그의 승진가도는 거침없이 이어졌다.

그러나 그는 올라가면 올라갈수록 말 못 할 답답함을 느꼈다. 그리고 그 답답함이 어디에서 오는지 알게 됐다. 지나치게 실적만을 추구하는 회장의 스타일과 자신이 잘 맞지 않았던 것이다. 그는 태생적으로 좀 더 원칙적이고 공정한 것을 좋아했다. 결국 스스로 적당한 때라고 생각될 때 회사를 그만뒀다. 주변사람들은 그걸 잘 이해하지 못했지만, 그는 자신의 선택이 불가피했다는 것을 잘 알았다.

회사를 나온 뒤 그도 세상인심을 알게 됐다. 전에는 수백, 수천억 원 단위를 결제하던 그였지만 회사를 그만둔 뒤의 세상은 만만치 않았다. 이전에는 느끼지 못하던 강력한 힘이 그의 앞길을 곳곳에서 막아섰다. 참으로 남의 주머니에서 돈을 끄집어내는 일이 쉽지 않았다. 퇴직금이 좀 있었지만 섣불리 사업에 뛰어들 수는 없었다. 신중하게 고민을 거듭했다. 다시 취업을 생각하기도 했지만 그도 녹록치 않았다. 이전에 꽤 큰 증권회사의 경영을 사실상 책임지다시피 했다는 경력이 이제는 도리어 장애물이 됐다. 하루에도 몇 번씩 그는 이 일을 했다가 저 일로 달려갔다. 머릿속은 그렇게 온통 고민투성이였다. 그는 별다른 결단을 내리지 못한 채 시름만 깊어갔다. 그렇듯 고전하던 그에게 어느 날 한 일간지에 실린 광고가 확 눈에 띄었다.

'친환경농산물 프랜차이즈 대모집!'

그 회사는 이전에 자신이 그만둔 증권회사의 홍보책임을 맡고 있을 때 여러 모로 도움을 많이 준 회사였다. 일이 되려는 것인지 당시 그의 카운터 파트이던 사람이 지금 그 회사의 사장으로 승진해 있었다. 반갑기도 하고 해서 그는 그 사장의 핸드폰 번호를 찾아냈다. 한참 망설이던 끝에 그는 용기를 내어 번호를 눌렀다.

이전엔 자신이 갑의 입장이었는데 지금은 상황이 전혀 뒤바뀌었다. 이제는 자신이 그 회사의 '을'이었다. 아니, 을이 한번 돼보려는 참이었다.

"저, 노규식입니다."

"아니, 이게 누구십니까?"

사장은 반갑게 그의 전화를 받아주었다. 약속장소로 나온 사장은 머뭇거리는 그의 모습에서 대략 모든 것을 짐작한 듯했다. 사장은 그가 알고 싶어 하는 모든 것을 자세하게 일러줬다. '가능성은 있는 사업 분야다. 그러니까 이렇게 많은 사람들이 대리점을 하려고 그런다. 우리도 처음에는 약간 고전했지만, 세상에 웰빙바람이 불면서 기세를 타고 있다. 만일 대리점을 해보겠다면 비용문제는 빼놓고 도울 수 있는 모든 일을 돕겠다. 나도 월급 받는 사장이라 회사 규정을 어길 수는 없는 처지다. 좀 이해해주었으면 좋겠다. 내 회사라면야 더 많이 도와주고 싶지만….' 사장은 그리고 이렇게 말을 맺었다.

"이전에 어려울 때 우리를 도와주신 걸 지금도 잊지 않고 있습니다. 그 때, 정말 고마웠습니다."

노규식 씨는 그제야 자신이 헛산 것이 아니라는 생각과 함께 가슴이 찡해졌다.

 마흔 살의 승부수

사소한 일이 미래를 결정한다

사람은 어려울 때라야 자신이 제대로 살았는지 그렇지 않았는지 판가름한다. 그리고 이런 경우 그동안 맺어온 관계가 상대적으로 깨끗하면 할수록, 선하면 할수록 자신의 미래에 영향을 준다. 일종의 '엔도르핀효과'가 작용한다고 보면 된다.

만일 이전에 오로지 이해상관에 따라 거래를 했거나 심한 경우 돈을 주고받는 관계였다면 상황은 다르다. 대부분 안 좋은 결말로 이어질 가능성이 매우 높은 탓이다. 설사 거래가 계속되더라도 기본적으로 서로가 서로를 낮춰보게 마련이다. 보다 심각한 문제는 서로 신뢰하지 못하기에 언젠가 파탄에 이를 가능성이 대단히 높다. 상대방을 애써 지켜줄 값어치를 못 느끼기 때문이다. 설사 운 좋게 파탄이 나지도 않고, 서로가 서로의 치부를 까발리는 최악의 사태는 피해갈 수 있을지라도 그 결말은 어느 정도 뻔하다고 할 수 있다.

그러나 선하고 깨끗하면 인덕은 상상 이상으로 훨씬 큰 결실을 맺어주기도 한다. 기본적으로 사람을 믿고 벌이는 통 큰 게임의 기회는 얕은 계산이나 지저분한 돈거래 속에서는 싹조차 트지 않는다. 그런 일은 인간에 대한 신뢰라든가 인간이 자연스럽게 이끌어내는 감동에서 온다.

임현태(50) 씨는 외국계 은행을 그만두고 오퍼상을 할 때 한 외국손님을 안내할 기회가 있었다. 스코틀랜드 출신으로 무어헤드라는 이름의 이 미국 사업가는 한국에 관광 겸 시장조사를 나왔다고 했다. 임현태 씨는 손님의 요청에 따라 전통음식점들을 비롯해 다중이용시설 등을 꼼꼼하게 조사해 안내했다. 무어헤드는 일반적인 외국인과는 달리 냄새가 진동하는 청국장집에도 가고, 시골의 주택들도 세심하게 둘러보았다. 임현태 씨가 그토록 충실하게 안내한다고 해서 큰돈을 받는 것도 아니었지만 최선을 다했다. 또한 무어헤드가 부탁하는 것은 하나도 빠짐없이 해냈다. 나중에 본국으로 돌아간 무어헤드는 임현태 씨에게 이메일 한 통을 보내온다.

"앞으로 당신과 사업을 함께 하고 싶습니다. 내 기술은 세계적으로도 독보적인 기술입니다. 한국에서 냄새나는 그런 음식점들을 골라간 것이라든가, 시골의 화장실을 유심히 본 것은 모두 그런 사업적 연관성 때문입니다. 당신은 그런 모든 일을 나를 위해 성심껏 해주었습니다. 정말 감사합니다. 나는 나의 파트너가 대기업인 것을 원하지 않습니다. 당신의 성실함이면 충분합니다."

인덕은 큰일에서만 발휘되는 것은 아니다. 아주 작은 것 하나, 사소한 것 하나에 기울인 정성이 사람을 움직이고 역사를 움직이는 법이다. 그러니 조심할지어다. 아주 사소한 일에 당신의 미래는 걸려 있나니. 조심하지 않으면 행운의 기회가 왔다가 당신도 모르는 새 달아날 수도 있나니.

최상의 상황은
언제나 지금이다

국회의원을 지낸 전직 언론인 C씨가 신문사에 다닐 때였다. 편집부에서 근무하던 그는 조사부로 자리를 이동하게 됐다. 조사부란 신문사의 노른자위 부서가 아니다. 결국 좌천격의 인사 이동이었던 것이고, 한 마디로 '물을 먹은' 셈이었다.

공교롭게도 마흔 언저리의 나이였다. 그는 깊은 삶의 위기를 느끼게 됐다. 새로운 곳을 찾아 떠날 것인가, 아니면 수모를 견디며 눌러앉아 조사부를 재기의 발판으로 삼을 것인가. 더욱 나쁜 일은 그 신문사의 조사부가 경쟁사에 비해 유난히 취약하다는 점이었다. 승부를 걸고 싶어도 조건 자체가 너무 열악한 상황이었던 것이다.

그는 신문사에 남기로 결정했다. 조건의 열악함을 기꺼이 껴안고 그곳에서 승부를 걸기로 작정한 것이다. 위기는 기회라고도 했다. 신문사의 가장 취약한 고리를 강한 고리로 바꿔내는 일이야말로 자신의 능력을 증명할 좋은 기회라고 판단했던 것이다. 게다가 그는 오랜 언론생활을 통해 쌓은 혜안으로 조사부가 갖는 중요성을 간파했다. 정보를 모으고 전달하는 언론매체의 속성상 양질의 정보를 대량으로, 또한 체계적으로 관리하는 일은 아주 중요한 문제였기 때문이다.

그래서 그는 조사부 안에 강력한 혁신의 바람을 불러일으켰다. 새로운 시스템을 마련하고 직원들을 전문가들로 단련시켰다. 조사 자료의 양과 질적 측면을 강화하고 선진적인 분류기법을 도입함으로써 신문사의 DB구축과 현대화에 성공했다. 그의 노력 덕분에 가장 취약한 곳으로 알려졌던 조사부는 한국 최고 수준으로 뛰어올랐다. 그가 만든 신문이 발행부수 1위, 열독률 1위의 신문이 되었고, 이후 디지털신문 업계의 최강자가 된 것도 그의 공로에 힘입은 바가 컸다. 그는 오래지 않아 편집국장으로 영전했다. 그의 승부수가 멋지게 적중한 것이다.

막장에서도 조건을 지배하라

승부에서 이기기 위해 필요한 요소는 여러 가지다. 통찰력을 발휘해 적절한 길을 선택하고 그에 걸맞은 역량을 갖추는 것. 하지만 중요한 건 또 있다. 자신이 처한 승부 조건을 가장 지혜롭게 활용할 수 있는 능력이 바로 그것이다. 예로 든 C씨의 경우가 그렇다. 찬밥 대접을 받는 가장 뒤떨어진 부서로 좌천된 것. 광부들의 표현에 따르면 '막장'에 몰린 셈이다. 하지만 그는 자신의 처지와 회사 업무의 전체 상황을 두루 꿰뚫은 뒤, 그것을 반전의 계기로 활용했다. 조건의 열악함에 질려 지레 도망친 것이 아니라 자신의 의도대로 지배하는 길을 택한 것이다.

수영, 골프 연습장, 친한 사람들과 모여 점심식사 후 수다떨기 등은 부러울 것 없는 사장님 아내로 살던 온라인 패션구두 판매점 '홍대언니'의 신소영(45) 씨의 지난날 모습이다. 하지만 그런 그녀의 여유와 풍족함은 하루아침에 박살났다. 남편이 뇌일혈로 쓰러지고, 연이어 사업체마저도 남의 손에 넘어가버린 것이다. 그 순간 '온실 속 화초'와도 같던 신소영 씨의 삶은 폭풍우 치는 광야로 내몰리게 되었다. 그래서 '두 자식이 있었기에 절벽을 타고 오르는 절박한 심정'으로 생업전선에 뛰어들어야 했다.

그녀는 냉정하게 자신이 할 수 있는 일을 생각해보았다. 없었다. 할 줄 아는 일도, 자본도, 사회경험도. 41년 동안 무엇을 하며 살았나 싶은 절망감이 밀려왔다. 갖고 있는 것이라야 가족을 책임져야 한다는 책임감과 '신멜다'(전 필리핀 대통령 마르코스의 퍼스트레이디 이멜다를 빗댄 표현이다. 민중봉기로 쫓겨난 뒤 그녀의 거처에서 3,000켤레의 구두가 발견되었다는 일화가 있다)라 불릴 정도로 구두를 좋아했던 독특한 취향 정도였다.

다행히도 그녀에게는 그런 악조건을 지배할 만한 역량과 의지가 있었다. 그리고 자신의 독특한 취향을 사업화하는 것으로 승부가 가능하다는 사실을 깨달았던 것이다. 패션구두에는 일가견이 있었기에 여성들이 어떤 구두를 왜 좋아하며, 어떻게 트렌드를 이끌어나갈 것인지에 대한 감각이 있었다. 온라인 상거래가 활성화된 시대적 조건이 많은 자본 없이도 창업을 가능하게 해주리란 사실도 깨달았다. 역으로 온라인 창업을 통해 제거된 거품이 자신의 안목과 결합될 때 성공을 위한 강력한 무기가 되리라는 것도 알아냈다.

문제는 컴맹이라는 자신의 핸디캡이었다. 그녀는 급한 대로 대학생 조카의 도움을 받아 온라인 창업을 감행했다. 창업비용은 컴퓨터와 디지털 카메라, 사무실 집기를 마련하는 데 쓰인 300만 원이 전부였다. 친구 남편의 사무실 한켠을 얻어 임대료를 아꼈다. 그 뒤 그녀는 하루 서너 시간만 자면서 포토샵과 드림위버를 깨쳤다. 하루 12시간 이상 컴퓨터와 씨름하며 전문가 이상의 컴퓨터 실력을 쌓아나갔다.

그렇게 노력했음에도 첫 달에 판매한 구두는 겨우 네 켤레. 자신도 할 수 있다는 생각에 신이 나서 뛰었지만 이내 한계에 부딪치고 만 것이다. 그녀는 자신의 사업 안목을 더 날카롭게 가다듬어야 할 필요성을 느꼈다. 고급 패션잡지와 할리우드 스타들의 패션을 집중적으로 연구한 건 그 때문이었다. 다른 한 편으로는 동대문시장 등지를 돌며 젊은 여성들의 눈을 단번에 사로잡을 만한 제품 공급처를 다양하게 확보했다. 이런 노력이 밑받침되자 주문은 서서히 늘어났고, 어느 순간 하루 100여 켤레를 배송하는 수준에까지 이르게 되었다.

지금 신소영 씨가 운영하는 '홍대언니'의 한 달 매출액은 3천만 원 선을 넘어선다. 작다면 작은 성공이지만 모든 것을 빼앗기고 한숨짓던 출발선을 생각하면 상당한 발전이다. 그녀는 자신이 처한 악조건 속에서 가장 적절한 승부의 지혜를 발휘했다. 조건 때문에 실패한 것이 아니라 그것을 지배함으로써, 살림만 하던 아줌마도 성공하는 40대의 대열에 오를 수 있다는 사실을 훌륭하게 증명한 것이다.[9]

조건의 함정에 빠져 '불가항력이었다!'라고 말하는 건 대부분 변명일지도 모른다. 적절한 방식만 찾아내면 어떤 상황 속에서도 성공할 수 있다는 사실을 신소영 씨와 같은 이들이 증명하기 때문이다. 사납게 날뛰는 야생마야말로 천하의 적토마가 될 자질을 가졌는지도 모를 일이다. 누가 그것을 길들일 수 있느냐에 따라 적토마의 주인이 결정된다는 건 당연한 진실일 것이다.

맷집도
힘이다

흔히 '심장이 떨려서 일을 못 하겠다', '저 사람 간이 작아 큰 일을 할 인재가 못 된다'고 말할 때가 있다. 뭔가 그럴 듯한 일을 하기 위해서는 '담력'이 필수라는 이야기다. 그런데 그 담력이 나오는 건 바로 맷집을 통해서다. 아무리 곡매를 맞고 심한 데미지를 입어도 과감하게 돌진해 '한 방'을 터뜨릴 수 있는 힘. 즉, 맷집 없이 불가능한 일이 곧 담력이다. 큰일을 할 담력은 맷집에서 출발하며, 바로 맷집을 구성 성분으로 한다는 것이다.

승부의 세계라고 다를 리 없다. 그 속에서는 늘 돌발변수가 속출하고, ‘이것이 아니라면 죽음’이라는 칼 같은 긴장이 연속된다. 그래서 맷집과 담력 없이는 승부를 결단하는 일도, 그 지난한 실행과정을 견뎌내 성공에 이를 수도 없다. 두부음식체인점 ‘토담두부’ 허태정(46) 사장은 이렇게 말한다.

“프랜차이즈 사업은 교도소의 담장을 걷는 것과 같다고 합니다. 담장의 한쪽은 사회이고, 또 다른 한쪽은 감옥입니다. 프랜차이즈 사업을 하다가 망하면 나 혼자 망하는 것이 아니라 모두가 함께 망하는 것입니다. 항상 최선을 다하지 않으면 범죄를 지을 개연성을 가지고 있다는 말입니다.”

한마디로 일촉즉발의 시한폭탄을 안고 사는 것이 자신의 삶이라는 이야기다. 든든한 맷집과 배포 아니고서야 버텨내기 힘든 시간인 셈이다.

지금은 우리나라에서 가장 유명한 두부음식체인점의 CEO이지만, 허 사장에게도 ‘간이 작아’ 일을 그르친 경험이 있다. 그가 ‘두부’라는 아이템을 인생의 승부수로 삼은 건 아주 우연한 계기를 통해서다. 어느 경제일간지 기자 시절 우연히 광릉수목원에 있는 두부음식점을 찾았다가 그 맛에 반해버렸던 것이다. 이후 그는 멀쩡한 기자노릇을 때려치우고 음식장사꾼으로의 미래를 꿈꿨다. 그러다 35살이 되던 해 서울 강남에 덜컥 두부음식점을 차렸다. 하지만 초보 장사꾼이 맞닥뜨린 현실은 그의 예상을 뛰어넘었다. 장사가 안 돼서가 아니었다. 오히려 그 반대였다.

"오픈 당시 상권이 그렇게 좋은지 몰랐어요. 생각보다 많은 손님들이 들이닥쳤고, 당황했죠. 모든 게 엉망이 됐고, 어디론가 도망치고 싶었어요."

남들이 바라마지 않는 성공의 기회가 주어졌는데도 그의 작은 '간'은 감당해내지 못했다. 주인의 마인드가 그러니 장사가 제대로 될 리도 없었다. 그는 예상치 못한 각도에서 날아온 현실의 무수한 펀치를 견디다 못해 사업을 접었다. 6개월 만이었다. 맷집이 너무 약했던 탓이다.

정작 허 사장이 자신의 든든한 맷집을 발견한 건 바로 그 때부터였다. 한번 맞아본 매는 승부를 포기할 만큼 강력하지도, 견뎌내지 못할 정도로 충격적이지 않다는 사실을 깨달았던 것이다. 그래서 그는 첫 번째 실패 이후 제대로 된 '두부 인생'을 살았다. 국내의 유명한 요릿집은 물론, 일본과 대만까지 수십 차례나 오가며 두부요리를 개발하는 일에 모든 정성을 바쳤던 것이다. 셀 수 없을 만큼 많은 가마니의 콩을 버려가며 실험에 박차를 가했던 것도 그 때였다.

그렇듯 재기를 위한 준비를 마친 뒤 그는 41살에 다시 한 번 승부수를 띄웠다. 2002년, 서울 올림픽 공원 인근에 토담두부를 연 것이다. 새로 잡은 가게 터는 이미 세 사람이나 실패를 하고 떠난 '입지 빵점'의 상권이었다. 하지만 이미 오랜 준비를 거친 뒤 두부에 관한 모든 노하우를 움켜쥔 허 사장에게는 두려울 게 없었다. 게다가 그는 이미 쓰라린 실패 경험이라는 '보약'까지 들이켠 뒤였다. 이 모든 요소들이 합쳐져 담력과 맷집의 밑바탕을 이뤘다. 그는 '다시 한 번 실패해도 좋다'는 자신감으로 과감하게 사업에 뛰어들었다.

이번에도 장사는 예상을 뛰어넘은 호조를 보였다. 문전성시가 날마다 펼쳐졌다. 두부요리에 반한 소비자들이 체인점을 열어달라고 아우성을 치기 시작했다. 이번에는 6년 전의 허태정이 아니었다. 현실이 아무리 예상치 못한 판을 벌여 놓아도 더 이상 움츠러드는 일 따위는 없었다. 그는 과감하게 앞으로 전진해 프랜차이즈사업으로 확대해나가는 길을 택했다.

물론 이 과정에서도 그의 담력은 다시 한 번 시험대에 오른다. 그 자신의 말마따나 혼자만의 실패가 아니라 모두의 실패까지 책임질 수 있을지 확신할 수는 없었다. 하지만 모험 없이는 큰 성취도 없었다. 그 긴장과 스릴을 감당할 수 없다면 승부의 세계란 김빠진 맥주를 들이켜는 일과 다를 바 없었다. 그가 지난날의 실패와 성공으로부터 깨달은 진리는 바로 그것이었다. 그는 망설이지 않고 프랜차이즈 사업에 몸을 던졌다. 그러자 어느 순간부터 신기한 변화가 찾아왔다. 칼 같은 긴장감을 즐기고 있는 자신을 발견한 것이다.

"가맹점 서너 곳을 낼 때까지는 혹시나 잘못되면 어쩌나 하는 생각에 개점일을 전후한 며칠 동안은 잠을 이루지 못했습니다. 요즘은 오히려 어떻게 성공하고, 어떻게 커나갈지를 생각하기 때문에 개업 전날 술까지 마시는 여유가 생겼지요."

얻어맞지 않는 복서는 없다

한마디로 더 멀고 더 큰 미래까지 넉넉하게 품어 안을 수 있을 정도로 그의 담력과 맷집은 어느 결에 커져 있었던 것이다. 그것은 자신감과 성공에 대한 확신의 또 다른 이름이기도 했다. 그는 그런 여유와 자신감을 바탕으로 프랜차이즈사업을 훌륭하게 이끌어가고 있다. 물론 교도소의 담장을 거니는 듯한 긴장감은 여전하지만 그것을 더 커다란 노력과 성취의 조건으로 활용하는 힘까지 갖추게 됐다.

그렇듯 성공의 길을 달린 그는 7년 만에 지난날의 실패에 복수를 하기까지 했다. 그리고 토담두부 삼성 직영점을 보란 듯이 오픈해 지난날 눈물을 머금고 빠져나온 강남으로 재진입했다. 그것은 그에게 큰 의미를 담은 사건이었다. 몰려오는 손님 앞에서 쩔쩔매던 초보사업가 허태정이 실력과 자신감을 두루 겸비한 진정한 사업가로 거듭났음을 알리는 쾌거였기 때문이다. 그것을 가능하게 했던 승부 역량의 성장은 곧 그의 담력과 맷집의 발전역사와 궤를 같이 하는 것이기도 했다.[10)

상처입지 않는 검투사, 얻어맞지 않는 복서란 없다. 인생의 검투경기장에 오른 마흔 살 승부사들도 마찬가지다. 걷어 채이고 짓밟히는 일쯤은 다반사로 일어나기 마련이다. 그러므로 승부를 결단하는 이들은 먼저 스스로 얼마나 강한 맷집과 담력, 내구성의 소유자인지 점검할 필요가 있을 것이다.

크리스토퍼 콜럼버스
Cristoforo Colombo

집념과 의지로 밀어붙이다

세계 역사 위에 가장 명예로우면서도 논란 많은 이름 가운데 하나로 기록된 크리스토퍼 콜럼버스도 마흔 나이를 고난 속에서 열어야 했다. 1491년 만 마흔인 그는 10여 년 이상 추진해온 '대서양 횡단 탐험선대'의 구상을 현실화시키기 위해 5년째 스페인에 머물고 있었다.

"아프리카를 돌아서 가는 것보다 대서양을 따라가면 훨씬 빨리 인도와 중국에 갈 수 있습니다. 금과 향신료가 그득한 동방으로 가는 대서양 항로를 개척하기 위해 탐험선대를 파견해주십시오."

맨 처음 콜럼버스는 이 구상을 포르투갈의 주앙 2세에게 청원했다. 주앙 2세는 선왕인 알폰소 5세와 달리 인도항로 개척에 적극적으로 나서고 있었다. 유럽은 기후와 산업조건상 후추가 절대적으로 필요한 상황이었기에 동방무역에 사활적 관심을 기울이고 있었다. 그 무렵 유럽인들은 추운 겨울 동안 목축을 계속할 수 없어 가축을 무더기로 도살하곤 했다.

이렇게 도살한 가축의 고기를 오래 보관하기 위해선 후추 등 향료가 절대로 필요했던 것이다. 게다가 후추 무역을 중계하는 아랍인들은 결제대금으로 금을 요구했다. 후추와 금을 갈구하는 유럽인의 압력이 지구의 서쪽 영역을 열어 재칠 때가 서서히 다가오고 있었던 것이다.

선원이자 해도제작자로 풍부한 경험을 쌓은 콜럼버스는 인도까지 서쪽으로 돌아서 가는 항로를 개척하기 위해 인도까지의 추정거리, 항해에 필요한 배의 크기, 선원 수, 식량, 식수, 무기 등을 오랫동안 치밀하게 계산했다. 콜럼버스는 꿈을 좇는 이상주의자면서 상황의 변화를 추구하는 도전자였다. 그러면서도 치밀한 계산을 빼놓지 않는 현실주의자이기도 했다. 그러나 콜럼버스의 설득작업은 포르투갈 궁정의 배신과 협잡에 휘말려 실패로 돌아갔다. 주앙 2세가 콜럼버스의 구상을 헐뜯고 비난하는 귀족들의 계책을 따라 콜럼버스에게 항해구상을 뒷받침하는 자료들을 건네받은 뒤 콜럼버스를 '왕따'시켜 버린 것이다.

그렇게 콜럼버스의 자료를 토대로 콜럼버스를 따돌리고 몰래 출항한 포르투갈 탐험선대는 결국 실패한다. 그리고 자료 자체가 엉터리였다며 실패의 책임을 자료 작성자인 콜럼버스에게 모두 뒤집어씌운다. 콜럼버스의 구상이 공식적으로 취소된 것은 더 말할 나위 없다. 이런 고난 속에서 첫 번째 결혼한 아내마저 죽는다. 콜럼버스는 실의와 울분을 품은 채

아내가 남긴 어린 아들을 데리고 포르투갈을 떠나야 했다.

그 뒤 콜럼버스는 스페인으로 들어가 한 사제의 도움으로 카스틸라와 아라곤의 유력한 군주인 이사벨라 여왕에게 이 구상을 설파할 기회를 잡는다. 이사벨라 여왕은 그의 구상에 호의적이었지만 궁정 이너써클에서는 부정적인 의견이 많았다. 찬성파는 소수였다. 구상은 다시 암초에 부딪쳤다. 그래도 실망하지 않고 왕국 곳곳을 돌아다니며 자신의 구상에 대한 지지를 호소했다. 중국 춘추전국시대 유세가처럼 스페인이 자신의 꿈을 살 것을 설득했다. 그 사이 한 가난한 귀족의 딸과 두 번째 결혼을 하여 아들도 하나 얻었지만 왕궁으로부터는 여전히 허락이 떨어지지 않았다. 시간이 흐르자 콜럼버스는 승부수를 던진다. 한때 자신을 배신하고 그토록 억울한 지경으로 내몬 포르투갈의 주앙 2세에게 다시 한 번 자신의 계획을 허가해줄 것을 청원한다.

그러나 이번에도 다시 고난이 닥친다. 포르투갈의 바르톨로뮤 디아스가 아프리카 희망봉에 도착한 것이다. 주앙 2세는 이제 인도로 가는 지름길을 발견한 셈이라고 판단했다. 굳이 대서양을 서쪽으로 돌아가는 모험을 할 필요가 없어진 것이다. 대서양 횡단 탐험선대의 꿈을 향해 달려오며 포르투갈에게 두 차례 배신당하고, 스페인으로부터도 아직 그 어떤 소식도 없는 절망스러운 상황, 아니 오히려 희망봉의 부상으로 콜럼버스 자신의 구상은 하한가로 곤두박질치는 상황이었다. 이것이 콜럼버스의 마흔 살이었다.

콜럼버스의 구상은 그러나 바로 이 하한가의 상황에서 ‘임자’를 만난다. 바다의 패권을 놓고 포르투갈과 경합을 벌이던 스페인의 이사벨라 여왕이 다시 콜럼버스의 카드를 사들인 것이다.

'포르투갈이 희망봉 항로마저 선점한 상황에서 대서양의 서쪽을 돌아가는 항로를 먼저 발견하지 못한다면 포르투갈과의 경쟁에서 이길 수 없다.'

이렇게 판단한 여왕은 이 꿈의 주인공인 콜럼버스를 절대로 빼앗겨서는 안 된다고 결론을 내린다.

콜럼버스, 그는 30대의 10여 년 동안 키워온 꿈을 40대 초반의 고난 속에서도 끝내 포기하지 않은 인간승리의 주인공이었다.

마하트마 간디
Mohandas Karamchand Gandhi

고난을 통해
지도자의 품격을 강화시키다

1909년 2월 마흔 살의 간디는 남아프리카에서 두 번째 투옥되었다. 인도인에 대한 차별에 맞서 대중적인 비폭력 · 불복종운동을 주도했다는 이유에서다. 간디의 아들도 체포돼 투옥됐다. 간디는 3개월 형을 언도받고 독방에 갇혔다. 나중에 풀리긴 했지만 처음에는 책도 읽을 수 없었다. 간수들은 그를 향해 욕설을 퍼붓는가 하면 난폭하게 떠밀기도 했다. 간디는 기술적이고 지능적인 학대의 피해를 집중적으로 입고 있었던 것이다. 한 전기작가는 간디가 당시 흑인들과 중국인들이 수용돼 있는 감방에서 밤을 보낸 적이 있었는데, 그 방의 죄수 일부가 간디를 성폭행할 음모를 꾸미고 있는 듯했다고 적기도 했다. 상황은 매우 열악했다.

이런 고난 속에서도 간디는 영국 제국주의로부터 인도와 인도인을 해방시킬 방법론에 대한 구상을 구체화시켰다.

당시 그는 투옥될 때마다 열심히 책을 읽었다. 두 차례 투옥기간 동안 모두 30여 권의 책을 읽은 것으로 알려진다. 특히, 비폭력과 사랑의 메시지를 강조하는 톨스토이의 글을 비롯해 힌두교의 종교적 저작들과 에머슨, 소로 등을 집중적으로 읽은 것으로 전해진다. 소로 역시 노예제도와 멕시코 전쟁에 대한 항의의 표시로 세금납부를 거부하면서 '시민 불복종'이라는 제목의 글을 썼다. 간디는 이 글을 요약해 1907년 〈인디언 오피니언〉에 싣기도 했다.

톨스토이와의 교류도 보다 긴밀해지고 있었다. 간디가 마흔 살인 1909년과 마흔한 살인 1910년에 두 사람은 편지를 서로 주고받았다. 톨스토이는 남아프리카 트란스바알에서 간디가 벌이는 활동이야말로 '지금 이 세계에서 일어나고 있는 가장 중요한 일'이라고 찬사를 보냈다.

간디는 2차 투옥에서 풀려난 뒤 다시 영국으로 갔다. 남아프리카 지도자들이 남아프리카 식민지들을 결합해 단일자치령으로 만들려고 대거 영국으로 몰려가서 로비를 벌이고 있었기 때문이다. 간디는 영국인 지도층을 두루 만나는 한편 영국에 와 있는 인도인 혁명가들도 만나게 된다. 간디는 이들을 '무정부주의자'라고 불렀는데, 이들의 이야기를 듣고 나서 조국의 장래를 진지하게 고민하게 된다. 그 결과 『인도의 자치(힌드 스와라지)』라는 주요저작이 나오게 된다.

한편 제국주의 남아프리카 당국은 교묘

한 교란작전으로 간디 등 비폭력운동에 대응하고 나선다. 그동안 많은 반발을 불러일으켜온 강경일변도의 정책을 완화시켜 인도인들의 참여열기를 기술적으로 떨어뜨리려 한 것이다. 남아프리카 당국은 또 경찰에게 인도인을 너무 쉽게 체포하지 말라고 지시한다. 그렇게 하는 것이 결과적으로 인도인의 항의운동을 흩뜨리는 효과를 거둔다는 것이다. 또한 다수의 인도인들을 감옥에 가둬놓는 방식을 바꿔 대거 석방시키는 쪽으로 전환한다. 석방된 사람들은 이미 상당히 기백을 잃고 있었다. 그 결과 비폭력운동의 중심세력은 백 명 미만으로 줄어들게 된다.

그뿐만이 아니다. 이 시기에는 열성으로 운동에 참여하는 인도인의 생계문제를 해결해야 하는 문제도 제기됐다. 이 문제를 해결하기 위해 농장을 세우고 '톨스토이 농장'이라는 이름을 붙인다.

외형적으로 이 무렵 투옥 말고는 큰 주목을 받는 사건이 발생하지는 않았다. 그러나 개별적인 사건 하나하나마다 인도의 독립과 제국주의의 문제가 심각하게 연계된 성격을 지닌다. 간디는 이 시기 개인적 고난을 겪어내면서 비폭력·불복종 저항운동의 이론적 배경을 강화하는 데 주력했다.

고난을 통해 인도독립운동의 사상적 지도자로서 전략적 방법론과 구상에 대해 구체화시키기 시작했다. 간디에게 마흔 살은 고난을 통한 성숙의 계절이기도 했던 것이다.

2

죽을 각오로 승부하라

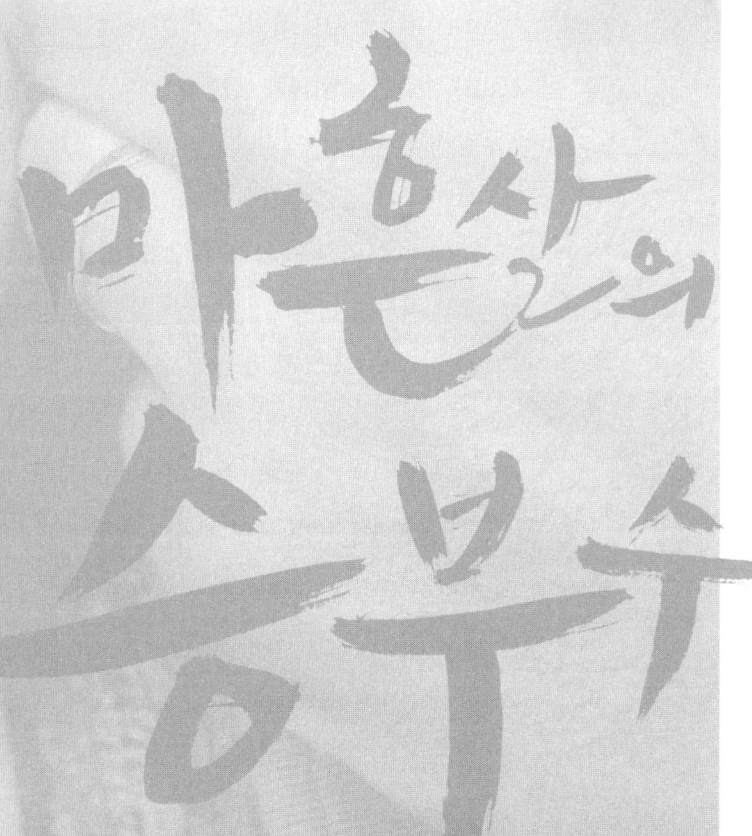

신이라도
지난 것은 바꿀 수 없다

박지성 선수가 진출해 더욱 유명해진 영국의 프리미어리그. 그곳엔 프랑스 태생의 한 명장(名將)이 있다. 경제학 박사 학위를 받아 '교수님'이라는 별명을 갖고 있는 아르센 벵거(57) 감독. 40대 중반의 나이로 아스날 팀을 맡은 그가 지난 10년간 쌓아올린 전적은 자못 화려하다. 프리미어십 3회를 비롯해, FA컵(영국축구협회컵) 우승 등 무려 열 번이 넘게 트로피를 들어 올렸기 때문이다. 그런 그에게는 한 가지 특이한 점이 있다. 살고 있는 집에 트로피는커녕 그 흔한 메달 하나 걸려 있지 않다는 사실이다. 그 이유를 묻는 기자에게 벵거는 이렇게 대답했다.

"난 지난 일은 생각하지 않습니다. 내가 바라보는 건 오로지 미래입니다."

성공을 원한다면 뒤돌아보지 말라

마흔 살쯤에 이르면 누구나 성공과 실패, 영광과 비참의 기억을 몇 개쯤은 갖고 있기 마련이다. 그러나 성공을 위해서는 이 모든 기억들을 송두리째 뇌리에서 지워야 한다. 44세에 이사직에 오른 뒤 'LG화학'의 CEO까지 역임했던 노기호(59) 전 사장은 이렇게 말한다.

"과거의 자질구레한 성공 경험을 잊어버리는 일이 중요합니다. 한 조직의 운명을 책임지는 CEO의 경우는 더욱 그렇지요. CEO가 과거의 영화를 잊지 못한다는 건 조건이 판이한 다음 번 승부 때 판단을 흐리는 원인이 될 수도 있으니까요."11)

과거를 잘 지우는 일의 중요함이 CEO에게만 해당되는 건 아니다. 승부를 눈앞에 둔 40대라면 누구나 그렇다. 승부의 세계는 냉혹하다. 제 아무리 이전에 잘나가던 사람이라도 허름한 점퍼를 걸치고 구두 밑창이 닳도록 뛰어다니는 생활은 피할 수 없다. 이때 잘 나가던 시절의 경험은 오히려 그에게 족쇄가 될 뿐이다. 그래서 어떤 이는 이렇게 말한다.

"그 때와 지금을 비교하면 힘이 더욱 빠지고, 이렇게까지 살아야 하나 회의가 밀려오기 마련입니다. 그래서 나는 애초부터 이런 일을 하기 위해 태어난 사람이고, 지난 시절은 운 좋게 찾아온 인생의 즐거운 외도기간이라고 생각하며 살아갑니다."

환경기계 부품제작소를 운영하는 C(48) 씨. 불혹을 갓 넘긴 나이에 독립해 이제야 간신히 빛이 보인다는 그는 겪었던 어려움을 이렇게 얘기한다.

"아무것도 아닌 상대방의 농담에도 움찔움찔 놀라고, 눈길 둘 데가 없어서 생고생을 치르기도 하고…. 사람 만나는 게 너무나 두려웠지요. 칼자루를 저쪽에서 쥐고 있다고 생각하면 저승사자를 만난 것처럼 식은땀이 줄줄 흐르니까요. 그렇게 날 떨게 만드는 사람들이 예전에는 내 앞에서 굽실거리던 하청업체 직원들이라고 생각해보세요. 참 난감해집니다."

그런 그에게서 샐러리맨 시절의 체취를 쏙 빼낸 것은 무엇이었을까? 현실의 혹독한 어려움이었다. 사흘 굶은 뒤에 남의 담장 넘지 않는 사람이 없다고, '내가 옛날에 어땠는데' 하고 목에 힘주다가는 굶어죽기 딱이라는 사실을 알게 됐다는 것이다.

"그렇게 어려움을 겪으면서 하청업체 평사원들에게도 90도로 인사할 마음이 생기더군요. 내가 이런 일까지 해야 하나, 라는 생각만 버리면 실제로도 무슨 일이든 할 수 있습니다. 살아남아야 하니까요."

과거를 잘 지우는 일은 그렇게 생존을 위한 몸부림과도 같았다는 것이다.

벵거 감독은 성공을 꿈꾸는 사람들에게 이렇게 충고한다.

"성공을 원한다면 뒤돌아보지 말고, 오로지 미래를 그려보십시오.”

그러면서 벵거는 자신이 꿈꾸는 미래를 이렇게 그려 보인다.

“나의 꿈은 타이틀을 모으는 것이 아니라 가장 완벽하고 이상적인 축구가 그라운드에서 단 5분만이라도 구현되는 것을 보는 것입니다.”

우리 주변에서 볼 수 있는 수많은 승부사의 경우도 마찬가지다. 연 매출 1백억 원을 뛰어넘는 옥외광고업체 ‘위즈피아’ 등 5개 기업을 보유한 임근우(37) 사장. 그는 원래 의사를 꿈꾸던 의학도였다. 어린 시절부터의 꿈을 포기한 그에게 미련은 없을까? 물론 그에게 중요한 것도 이루지 못한 과거의 꿈이 아니라 미래였다.

“기차를 타고 가는 나는 내릴 역에 대한 계획만 있습니다. 지나쳐버린 역에 대해서는 아쉬움이 없지요.”[12)]

승부의 출발점에서 해야 할 일은 무엇보다 과거의 기억을 잘 벗는 것이다. 갓 태어난 아기에게는 과거가 없다. 오직 살아갈 미래만이 눈앞에 펼쳐져 있다. 새로운 인생을 열고자 하는 40대도 마찬가지다. ‘신이라도 지난 것은 바꿀 수 없다.’ 실패든 성공이든 그것이 준 교훈을 냉정히 받아들인 뒤에는 관 뚜껑에 못을 박듯 그 망령을 지워내야 한다. 그래야 새로운 첫울음이 가능해진다.

풍요는 위기를 먹고 자란다

앞날의 희망이란 아마도 지불기한이 명시되지 않은 어음과 같지 않을까. 1962년 4월, 김포공항. 브라질로 출발하는 14인의 이민선발대에게도 미래는 그랬다. 모든 걸 버리고 떠나는 길. 그들은 단지 더 나은 삶의 기회가 있을 거라는 믿음 하나로 미지의 세계에 몸을 던진 참이었다.

브라질에 도착한 그들이 가장 먼저 착수한 건 농장을 세우는 일이었다. 그러나 애써 일군 농장이 파산하는 데는 채 1년이 걸리지 않았다. 60여 년 전부터 뿌리를 내리고 있던 일본 이민자들과의 경쟁에서 버텨낼 재간이 없어서였다.

그들은 다시 한 번 중대한 선택의 기로에 섰다. 익숙한 곳으로 돌아가 배를 곯을 것인가, 삶의 기회를 위해 또 한 번 위험 속으로 돌진할 건가. 고국에서부터 숱한 밤을 번민으로 지새우게 했던 바로 그 질문이었다. 그들이 후자를 선택했던 건 어쩌면 당연했다. 정든 땅을 떠나올 때부터 그들은 알고 있었기 때문이다. 모든 삶의 기회는 위험과 맞바꿀 수밖에 없다는 사실을 말이다. 성공을 위해 치러야 할 값비싼 대가란 바로 위험이라는 사실이었다.

그들은 도시의 밑바닥으로 흘러들어갔다. 농장과는 비교되지 않는 지독한 위험이 도사린 곳이었다. 그곳에서 거리 곳곳을 누비며 목이 터져라 손님을 불렀다. 초콜릿과 담배와 껌과 같은 하찮은 물건을 팔았다. 그처럼 악착같이 번 돈으로 저축을 하고, 자식들을 대학에 보냈다. 지금 5만 명의 동포 전부가 중산층 이상으로 사는 브라질 이민사회. 그들의 풍요는 14명의 선발대가 위험 속에 뿌린 씨앗이 아니었다면 절대 결실을 맺지 못했을 것이다.

위험 속에 성공의 기회가 있다

40여 년의 시간이 흐른 뒤 장호열(50) 씨도 이민선발대와 똑같은 질문을 스스로에게 던지고 있었다. 남을 것인가, 돌아갈 것인가. 외환위기 당시 그는 합병대상이 된 한 은행의 인도네시아 주재원이었다. 하지만 IMF사태가 터진 뒤 그의 삶은 기우뚱거렸다. 은행이 합병되면 낙동강 오리알 신세가 될 건 불을 보듯 뻔했다. 6년간의 주재원 생활을 청산하고 고국으로 돌아가야 할 시간이 다가오고 있었다. 그는 번민했다.

'가면 누가 반겨주는가? 일터를 잃은 사람들의 아우성으로 가득 찬 한국 땅에서.'

한순간의 결정에 따라 자신과 가족이 운명적인 변화를 겪게 될 터였다. 그는 고심 끝에 현지에 남는 길을 택했다. 그의 생각도 브라질 이민대와 다를 바 없었다.

"인도네시아는 한국 사람들에게는 신천지와 다름없는 곳이지요. 그런데 신천지라는 건 원래 위험을 깔고 있는 곳일 수밖에 없지 않습니까? 그와 반대로 누구도 손대지 않은 곳이기에 더 큰 풍요가 약속된 곳이기도 하지요. 오직 용기 있는 자만이 그곳의 주인이 될 수 있다는 생각으로 과감하게 현지창업을 감행했습니다."

그도 위험에 대한 감수 없이 풍요는 절대 약속되지 않는다는 믿음을 가지고 있었던 것이다. 그래서 그는 낯선 땅 인도네시아에서 누구도 가보지 않은 길을 걷기로 했다.

그가 가진 '무기'라고는 남들보다 조금 더 현지 사정에 밝다는 것, 은행에서의 업무상 IT기술에 대해 잘 알고 있다는 것 정도였다. 한국 사회에서도 얻기 힘든 인맥이나 자본이 낯선 인도네시아 땅에 있을 리 없었다. 하지만 그는 확신했다. 인구 2억 명 중 인터넷 활용인구가 200만 명에 불과한 나라. 경제개발을 향한 욕망으로 꿈틀거리기 시작한 이 나라는 오래지 않아 거대한 잠재력을 드러내리라 생각했던 것이다. 그 흐름이 점점 거세질수록 IT기술에 대한 수요도 더욱 늘어나리라는 확신이었다.

그는 인도네시아 IT산업의 개척자가 될 것을 다짐했다. 다행히 그에게는 불모의 땅에 물을 댈 수량 풍부한 저수지가 있었다. IT강국 한국의 앞선 기술이었다. 그 기술과 인도네시아 시장의 잠재력이 만날 때 이제껏 누구도 꿈꾸지 못했던 풍요가 가능하리라 생각했다. 우리나라 말로 '좋습니다(OK)'란 뜻을 가진 '볼레넷'은 그렇게 해서 탄생했다. 2000년의 일이었다.

장 사장의 예상은 적중했다. 한국의 IT기술은 신천지 인도네시아에서는 모두 '최초'로 기록되었던 것이다. 최초의 전자우편 서비스, 최초의 온라인 게임시장, 최초의 인터넷 데이터센터…. 볼레넷은 불과 수 년 만에 인도네시아 최대의 인터넷 포털 기업으로 성장했다. 불과 200만 명에 불과하던 인터넷 사용인구가 2006년에는 1,600만 명으로 증가하고, 볼레넷은 온라임 게임 시장의 50%를 점유하는 최대의 업체로 자라났다.

"창업 당시 '인도네시아를 석권하겠다'는 꿈은 이미 성취됐습니다. 이제 동남아시아 시장 전체를 석권하기 위해 신발끈을 조일 생각입니다."

조만간 드넓은 동남아시아 시장을 평정하는 한국인 기업을 보는 일도 허황된 꿈으로 그치지는 않을 전망이다.[13]

　장호열 사장의 성공을 두고 사람들은 '아이디어가 참 좋았다'고 말한다. 물론 누구도 손대지 못한 시장을 발굴하고 그곳에 앞선 기술을 도입한 그의 아이디어는 좋은 것이다. 하지만 그보다 중요한 사실은 따로 있다. 기꺼이 불모지를 향해 뛰어들어간 그의 용기, 위험과 풍요를 맞바꾸겠다는 도전정신이 아니었다면 그의 성공은 결코 없었을 것이라는 점이다.

　우리 앞에도 수많은 삶의 신천지가 있다. 장호열 사장이 찾은 해외시장도 그렇지만 기막힌 아이디어로 발굴해낸 틈새시장이란 신천지도 있다. 아니 수많은 이들이 꿈꾸는 2막 인생의 새로운 터전은 모두가 신천지일 수밖에 없다. 그곳에 뛰어들 것인가, 말 것인가를 결정하는 건 우리 몫이다. 성공한 이들은 위험 속에 가장 큰 기회가 있다고 말한다. 미래에 대한 확신 속에 기꺼이 자신을 던질 용기가 있을 때, 성공은 더 이상 우화 속 '여우와 신포도'로 남지 않을 거라는 믿음이다.

객사客死할
각오로 승부하라

그 빵집에는 행복이 흐른다. 가게 앞을 지나기만 해도 달콤한 빵의 향기가 마음까지 노릇하게 만들기 때문이다. 그 향기를 이기지 못하고 유리문을 여는 순간 당신은 더욱 짙은 행복감의 포로가 될지 모른다. 다른 곳에 비해 두 배나 밝은 조명, 곳곳에 피어 있는 꽃들과 인조 잔디, 먹음직스러운 다양한 빵들, 작은 칠판에 적혀 있는 빵 나오는 시간표.

"이곳에 들어오면 안 사고는 못 버티지요."

손님들은 그렇게 투덜거린다. 애정이 듬뿍 담긴 투정이다. 자신들이 사는 건 빵이 아니라 행복이라는 기분이 든다고 했다.

'파리바게트' 서울 명일역점. 9평밖에 안 되는 작은 크기지만 그 규모에 속아서는 안 된다. 이 가게의 평당 매출은 전국 최고다. 9평 매장이 거두는 하루 매출액은 200만 원에 육박한다. 주변 5개 경쟁점포가 차례로 문을 닫고 전업했을 정도로 일대를 석권했다. 그래서 파리바게트 본사는 예비창업자들에게 반드시 이 가게를 견학하도록 한다. 필수견학코스가 된 것이다.

"성공의 비결이란 게 뭐 있겠습니까? 성실과 친절뿐이지요. 예전에 다른 빵집을 찾았을 때 기분 나빴던 기억을 되살려 우리 가게에서는 그런 일이 절대 생기지 않도록 노력합니다."

박형복(49) 사장과 그의 아내 송정란(45) 씨가 들려주는 성공의 비결이다. 그러나 이 소박한 비결에도 마음을 빼앗겨서는 안 된다. '호빵맨'이라고 불릴 만큼 푸근하고 상냥한 그들의 인상으로는 진정한 성공비결을 눈치 챌 수 없기 때문이다. 그들이 만들어나간 '행복한 가게'는 사실 그들의 진한 피와 땀을 먹고 자라났다.

박 사장 부부가 이 가게를 차린 건 지난 1998년이었다. 그해 박형복 씨는 13년간 다니던 외국계 은행에서 하루아침에 밀려났다. 그 후 그는 화재보험 대리점을 차려 1년간 분투했다. 하지만 재기는 쉽지 않았다. 10여 년 넘게 몸에 밴 샐러리맨 기질 탓이었다. 결국 대리점의 문을 닫고 새로운 일을 모색해야 했다.

"사업 설명회를 찾아다니며 상담도 하고 창업서적도 닥치는 대로 읽었지요. 음식점을 돌아다니며 시식도 해봤어요. 온갖 아이디어를 다 짜냈죠. 제과점을 택하기까지 1년이나 걸렸어요."

다행히 새로 선택한 업종은 그들 부부와 잘 맞아떨어졌다. 박 사장의 말처럼 '성격으로 보나 스타일로 보나 딱 맞는'일이었다. 물론 그렇다고 해서 성공이 보장되는 건 아니었다. 빵이라고는 어쩌다 입에 댈까 말까 하던 부부가 이제 그것을 구워내고, 장식하고, 판매하는 일까지 도맡아 해내야 했다. 그것도 최고 수준의 전문가로서 말이다. 상인 기질이 부족해 실패를 경험한 박 사장에게 현실은 오히려 장인의 실력까지 겸비할 것을 요구해 왔다. 물론 그들은 그 모든 일을 해냈다. 하지만 형언할 수 없는 고통이 뒤따랐다. 특히 부인 송정란 씨는 그 과정에서 아주 신기한 일을 목격하기도 했다. 그 신기함이란 대체 무엇이었을까?

모든 걸 던져야 성공의 문은 열린다

'껍질을 깨는 고통'이란 말이 있다. 박 사장이 겪은 고통은 그 말 외에 달리 설명할 길이 없다. 그러나 그가 꿈꾸는 재기는 그 단단한 껍질을 이기지 않고서는 불가능했다. 자신과 가족의 새로운 삶이 오직 그것에 달려 있었기 때문이다. 그는 이를 악물고 현실과 맞붙었다. 그러나 현실은 늘 고통스런 채찍질을 멈추지 않았다. 정확히 마흔 살에 시작한 새로운 승부는 그의 심신을 빠르게 소진시켰다. 매일 매일이 탈진의 연속이었다. 그럼에도 그는 새벽이면 지친 몸을 일으켜 비틀거리는 발걸음으로 집을 나섰다.

"주방은 한여름엔 섭씨 40도까지 올라가는 한증막이에요. 바라보기만 해도 몸서리가 쳐지지요. 하지만 그곳이 우리의 전쟁터였어요. 병사가 두렵다고 그곳을 외면하면 전쟁이 성립하나요."

모든 게 서투른 손길이었다. 밀가루 범벅이 된 온몸은 눈사람처럼 변하고, 손에서는 반창고가 떠나지 않았다. 박 사장은 그처럼 모진 세월을 3년간이나 반복했다.

"그렇게 노력해도 매상은 쉽게 오르지 않았습니다. 한 푼이라도 절약해야 했어요. 아르바이트생도 최소한으로 쓸 수밖에 없었지요. 그러다 보니 다리에서 쥐가 날 때도 한두 번이 아니었어요. '어어' 하다보면 다리가 뻣뻣해지고 참을 수 없는 고통이 밀려오지요. 그래도 다리 주무를 틈도 없이 다시 뛰어다녀야 했습니다."

부인 송정란 씨가 '신기한 일'을 보게 된 것도 바로 그 때였다. 남편이 들어간 주방이 웬일인지 쥐죽은 듯 조용했다. 살짝 문틈을 엿보다가 그녀는 충격적인 광경을 봤다. 주방 구석에 쭈그리고 앉아 남편이 울고 있었던 것이다.

"보통 남자들은 잘 울지 않잖아요. 저 양반도 마찬가지였어요. 그런데 어린아이처럼 울고 있는 거예요. 저 사람이 10년 넘게 내 앞에서 눈물 한 방울 안 보이던 그 남자가 맞는지 의심스러웠지요. 산다는 게 이렇게 힘든 거구나. 가게 하나 꾸려간다는 게 이렇게 만만찮은 무게를 가진 거구나…. 그 순간 가슴이 미어질 듯했습니다."

마흔 살 먹은 사내의 굵은 눈물. 그것은 승부의 고통스런 참 모습을 상징하는 것이었다. 그것을 헤쳐나갈 수 없다면 모든 승부는 거기서 종언을 고할 수밖에 없다. 박 사장도 그 사실을 알았다. 껍질을 깬 새가 새 세상의 공기를 호흡하며 첫 울음을 토해내듯, 자신의 눈물도 새로운 탄생을 위한 통과의례라는 걸 깨달았다. 그래서 더욱 이를 악물었다.

"어떻게든 성공해야 했어요. 내가 가진 모든 것을 던졌지요. 죽기 살기로 매달렸습니다."

한없이 푸근하고 인자한 인상을 가진 그이지만 겉으로 드러 난 모습으로는 그가 겪은 모진 고통이 쉽게 짐작되지 않는다. 늘 다정한 미소를 지으며 행복을 파는 제과점 아저씨. 결국 그 의 미소는 어느 시의 구절과도 비슷한 것이다. 먼 길을 돌아와 어느 날 눈앞에서 웃음 짓는 국화꽃처럼 그의 미소도 승부의 고통을 느끼고 이겨낸 자만이 지을 수 있는 영예였던 것이다.[14]

모든 걸 내던지는 필사의 승부. 죽을 각오로 임하지 않으면 오늘도 죽고, 미래 역시 그렇다. 성공한 이들 가운데 유서 한번 가슴에 품어보지 않은 사람이 드문 건 바로 그 때문이다. 한 창 업자는 이렇게 말한다.

"남의 돈을 끌어들이기 전에 내가 가지고 있는 모든 것을 집어넣었습니다. 차입까지 했으니 이 사업이 망하면 그야말로 알거지가 되는 상황이었습니다. 그러고 나서야 다른 사람에게 투자를 받았습니다. 성공확률을 묻는 투자자에게 나는 이렇게 말했습니다. '내 모든 걸 걸었습니다.' 주위 사람들에게 사업성에 대해 많은 이야기를 했지만 결국 마지막에 보여주고 설득할 수 있는 건 뭐였을까요? 결국 실패한 뒤의 내 처지밖에는 없었습니다."[15]

자신을 죽이겠다고 결단하지 않으면 남도 설득할 수 없고, 승부도 살릴 수 없다는 이야기다. 객사한 시신은 집 안에 들여놓지 않는 우리 옛 풍습이 있다. 그러나 당신은 사냥꾼이다. 사냥꾼이 밖에서 가족들을 먹일 짐승을 잡지 못하면 입이라도 덜기 위해 그곳에서 죽는 게 영예가 될지 모른다. 성공한 이들이 전하는 필사의 메시지는 바로 그것을 말해주고 싶은 것인지도 모른다.

실패하라

　대기업에서 이사대우로 일하다 명퇴한 A(49)씨. 식당 창업을 준비하던 그의 머릿속에는 실패에 대한 두려움이 가득했다. 당연한 일이었다. 가진 재산을 탈탈 털어 시도하는 승부였기 때문이다. 그마저 실패하면 남은 생이 끝장이라는 절박감은 살 떨리는 긴장감을 불러일으켰다.

　다행히 그는 회사 다닐 때 전략통으로 일한 경험이 있었다. 그 경험을 바탕으로 최악의 경우에 대비한 다양한 시나리오를 준비했다. 상황별로 구체적인 행동지침을 마련한 건 물론이었다. 그럼에도 불안감이 완전히 가신 건 아니었다. 우선 입지선택에 약간의 문제가 있었다. 나름대로 A급 요지를 차지한 건 괜찮았다. 하지만 주변에 '맛집'으로 소문난 경쟁점포가 너무 많았다. 식당업의 초보가 특별한 아이템 차별화도 없이 무리한 경쟁에 뛰어든 게 아닐까, 하는 우려를 떨쳐버릴 수 없었다. 그래서 그는 더욱 완벽한 준비에 몰두했다. 재료의 선택부터 맛, 서비스에 이르기까지 경쟁점포에 뒤지지 않기 위해 최선을 다했다. 그가 의지할 건 오로지 그것밖에 없었다.

다행히 장사는 순조로웠다. 가게를 얻느라 많은 돈을 들이지는 못했지만 내부장식은 아늑했고, 맛은 깔끔했다. 종업원들도 친절했다. 돌아가는 손님들은 흡족한 표정으로 말했다.

"이 집은 될 만한 가게군."

A씨는 희망에 부풀었다. 끌어들인 빚은 물론 투자원금을 회수하고 오래지 않아 순이익을 낼 수 있으리라는 장밋빛 미래를 상상했다. 하지만 그는 실패했다. 의외의 일이었다. 그토록 철저하게 준비하고 평소의 관리에도 엄격했던 그에게 실패란 단어는 어울리지 않아 보였기 때문이다.

실패는 뜻밖의 방향에서 왔다. 실패에 대한 두려움이 실패를 불러왔던 것이다.

"저 자신도 모르게 너무 큰 중압감에 사로잡혀 있었던 것 같아요. 게다가 원래 꼼꼼하던 성격이 극심한 창업스트레스와 겹치면서 안달하는 스타일로 바뀐 게 사실이지요. 한마디로 주변 사람들을 늘 긴장감에 휩싸이게 만들었던 겁니다."

처음에는 그런 성격도 어느 정도 도움이 됐다. 완벽을 기해도 어딘가 허술할 수밖에 없는 운영 초기의 허점을 그의 관리력으로 메워왔던 것이다. 하지만 그것이 실패에 대한 두려움과 합쳐지자 뜻밖의 결과가 생겼다. 자신도 모르는 새 종업원들의 작은 실수에도 화를 내는 '빡빡한 사장'이 돼버렸던 것이다.

실패를 거듭할수록 전체는 완벽해진다

식당은 표면적으로는 잘 돌아가는 것처럼 보였다. 하지만 종업원들은 서서히 변해갔다. A씨가 시키는 일이 아니면 더 이상 하려 들지 않았다. 뭔가를 창의적으로 해보고 싶어도 괜한 짓을 했다고 꾸중을 들을까봐서였다. 그런 종업원들에게 애정과 소속감이 생길 리 없었다. '연기하는 친절'만큼 간파당하기 쉬운 것은 없다. 종업원들의 변화는 그대로 손님들에게로 전달됐다. 처음에는 진심에서 우러나온 마음으로 반찬 한 가지라도 더 챙겨주려 하던 종업원들이 어느 날부터 사장의 눈치를 보기 시작했다. 낭비를 없애라는 그의 지시 때문이었다.

'될 만한 집'이라고 얘기하던 손님들은 '그 사이 배가 불렀군'이라고 투덜대기 시작했다. 서서히 손님들의 발길이 끊어졌다. 매상이 눈에 띄게 줄어들었다. 하지만 불행히도 A씨는 진정한 원인을 깨닫지 못했다. 그는 불경기를 탓하고, 경제를 망치는 정치인들에게 이를 갈았다. 그것으로 게임은 끝난 것이나 다름없었다.

"한번 발길을 돌린 손님들을 되찾아오기가 힘이 들더군요. 하도 답답해서 종업원들과 허심탄회하게 얘기를 해보고 나서

야 원인을 깨달았습니다. 그들이 원했던 건 바로 실수의 자유
였습니다. 그런 작은 실수들이 거듭될수록 전체는 더 완벽하고
정교해진다는 사실을 몰랐던 거지요. 그러고 보면 나한테 필요
한 것도 결국 실패의 자유는 아니었는지 모르겠습니다. 회사
다닐 때라면 아마 안 그랬겠지요. 좀 더 객관화시켜서 바라볼
수 있었을 테니까. 결국 내 사업, 망하게 해서는 안 된다는 집착
과 두려움이 일을 그르친 거지요.”

실패의 대가는 혹독했다. 투자원금은커녕 운영비도 안 나올
정도로 매상은 쪼그라들었다. 그는 결국 가게를 매물로 내놓았
다. 그마저도 쉽지는 않았다. 불경기에 그만한 식당을 인수하
겠다고 나서는 매수자가 없었기 때문이다. 그는 결국 빚으로
빚을 갚는 악순환에 빠졌다.

그 늪에서 간신히 빠져나온 A씨는 요즘 자그마한 식당 자리
를 알아보고 있다. 재기를 위해서다. 그가 앞으로 어떤 승부를
펼쳐갈지는 속단할 수 없다. 하지만 적어도 과거와 같은 모습
은 아닐 것이다. 인생의 긴 흐름으로 보면, 실패가 두려워 실패
를 부른 이 역설적인 경험이 성공을 위한 소중한 밑거름이 될
것이기 때문이다.

‘IBM’의 설립자 토머스 J. 왓슨은 이렇게 말한다.

“성공의 비결을 하나 가르쳐드릴까요? 정말 간단합니다. 실

패율을 두 배로 높이십시오. 할 수 있는 모든 실수를 하십시오. 그러다보면 성공을 발견하게 됩니다."

중요한 건 바로 열린 마인드이다. 실패와 실수는 지극히 당연한 것이며, 오히려 '넘어질 때마다 무엇이든 주울 기회를 마련해준다'는 믿음 말이다.

오는 백발은 호미로도, 가래로도 못 막는다는 말이 있다. 실패도 마찬가지다. 승부에는 늘 크고 작은 실패가 뒤따를 수밖에 없기 때문이다. 약방의 감초와도 같은 실패를 명약으로 바꿀 수 있는 건 오직 수많은 실패에 직면한 마흔 살의 승부사들뿐이다.

주변 사람들은
모두 당신 팬이다

'해피 앤드 송유리 유통'의 이근철(47) 사장. 그는 마흔이 넘은 나이에 무일푼으로 사업에 도전해 성공을 이뤘다. 치킨과 피자를 주 업종으로 하는 해피 앤드 송유리 유통은 50여 개의 가맹점을 이끄는 적지 않은 규모다. 무일푼으로 시작한 초기와 비교해보면 상전벽해라 부를 만하다. 그런데 왜 '송유리'일까? '통유리도 아니고 창유리도 아닌 송유리라…?' 사람들은 이 알쏭달쏭한 상호(商號)에 고개를 갸웃거린다. 물론 그 속에는 이 사장만이 알고 있는 코드가 숨겨져 있다.

이근철 사장은 원래 사업 같은 건 꿈도 꾸지 않던 식품회사 직원이었다. 그를 창업시장으로 내몬 건 바로 외환위기. 회사는 그의 손에 5,000만 원의 퇴직금을 쥐어준 채 등을 떠밀었다. 할 줄 아는 게 별로 없었던 그는 창업박람회 같은 곳을 열심히 찾아다니며 정보를 모았다. 그러다가 눈에 번쩍 띈 게 한 곱창 전문 프랜차이즈 회사였다. 그는 창업비용 5,300만 원을 들여 재기의 첫 삽을 뜨기로 했다. 하지만 그는 순진했다. 그가 가맹 계약을 맺은 회사는 보증금만 받아먹고 튀는 전문 사기꾼 집단 이었던 것이다. 이 사장은 피보다도 귀한 거액의 퇴직금을 고스란히 허공으로 날려버렸다.

"너무 가혹한 현실에 눈물도 나오지 않더군요. 하지만 저만 바라보는 가족들을 위해 그대로 주저앉을 수는 없었습니다."

그래서 이 사장은 다시 일어섰다. 어렵사리 주변 사람들에게 돈을 꾸어 기어코 곱창집을 열었던 것이다. 우여곡절 끝에 시작한 사업인 만큼 꼭 성공하겠다는 의지는 하늘을 찔렀다. 하지만 그것이 부족한 장사 안목이나 수완까지 채워주지는 못했다. 1년간 고생고생하며 운영했지만 앞으로 벌고 뒤로 밑지는 상황이 계속됐다. 마침내 그로기 상태. 자본금을 다 까먹고 손을 털 위기에 처했다. 누가 봐도 가게가 망하는 건 시간문제였다. 무리하게 사업을 시작했던 그는 이번에는 자기가 사기꾼이 될 날만을 받아놓게 됐다. 만일 그 때 가게에서 일하던 한 종업원이 아니었다면 그는 정말로 그렇게 됐을지 모른다.

역전의 발판이 된 직원, 송유리 아빠

이 사장의 식당에서 일하던 종업원은 장사 안목도 제법 있고, 몇 개의 조리 기술도 갖고 있었다. 무엇보다 그쪽 계통에서 구르며 쌓아올린 경험이라는 무기가 있었다. 그가 보기에 식당의 운영부진은 필연적인 결과였다. 모든 음식점이 그렇겠지만 곱창집은 육수와 양념장 등 맛에 대한 주인의 특별한 감별력과 노하우가 필수였다. 식당업에 처음 도전한 초보주인이 소화해 내기에는 무리가 따를 수밖에 없는 업종이었다.

식당이 망하면 그도 자리를 잃을 처지였다. 하지만 자기보다는 주인이 더 걱정이었다. 자기야 다른 일자리를 찾아 훌훌 떠나면 그만이지만 많은 빚을 안고 사업을 시작한 주인은 그럴 수 없을 것이다. 그는 회복하기 힘든 타격을 입을 게 뻔한 주인을 딱한 눈길로 지켜봤다. 약지는 못하나 성실하고, 그래서 더욱 정이 가는 사람…. 손쓸 수 없는 상황이 오기 전에 업종을 바꾸고 새롭게 출발해야 했다. 그는 용기를 내어 주인에게 말했다.

"빨리 업종을 바꾸고 변화를 해야 살아남을 수 있습니다. 안 그러면 가게를 지켜낼 수 없어요."

그가 생각하는 적당한 분야도 있었다. 피자와 치킨을 하나의 아이템으로 취급하는 음식점이었다. 불경기라는 조건을 고려해 레귤러 피자와 치킨 한 마리를 1만 원 이하의 저렴한 가격으로 판다면 충분히 승산이 있었다. 물론 '맛'이라는 기본은 당연히 충족돼야 했다. 다행히도 그에게는 피자와 치킨 조리 기술이 있었다. 주인이 제안을 받아들일 생각만 있다면 적어도 '맨땅에 헤딩하는' 일은 피하게 해줄 자신이 있었다.

이근철 사장은 이 '엉뚱한 제안'을 덥석 받아들일 수 없었다. 이 사장의 창업과정을 살펴보면 알겠지만 그에게는 남다른 오기와 고집이 있었다. 질린 나머지 거들떠보기 힘든 업종을 선택해 기어코 문을 열고 만 뚝심. 아무리 망해가는 사업이라지만 그런 사람이 실패를 선선히 인정하고 뭔가를 다시 시작하는 건 어려운 일일 수밖에 없다. 그런 때면 더욱 예민해지고 신중해져서 모든 걸 의심하게 되는 게 사람의 심리다. 그런 판에 특정한 기술을 가진 사람이 특정 업종을 추천하며 다가온다면 어떨까. 의심은 피할 수 없다. 자라 보고 놀란 가슴 솥뚜껑도 무섭다고, 이미 사기까지 한 차례 당해본 마당이었다.

하지만 다행히도 이 사장에게는 남들에게 없는 것이 있었다. 남이 가진 능력을 인정하고 그것을 흔쾌히 자기 안으로 거둘 수 있는 포용력, 바로 열린 마인드가 그것이었다. 그는 부리고 있던 종업원의 충고라 해서 함부로 무시하거나 언짢게 여기지 않았다. 자신의 목표를 달성하는 데 필요하다면 그 어떤 힘이라도 받아들일 태세가 돼 있었던 것이다. 오히려 그가 목말랐던 건 그렇게 자신을 도와줄 사람이었다. 꼭 필요한 순간 내려진 업종

변경의 결정. 이 중대한 변환점은 그렇게 해서 만들어졌다.

생각을 바꾼 이근철 사장은 열정적으로 피자와 치킨 조리 기술을 배워나갔다. 종업원의 말대로 피자와 치킨을 동시에 판매하는 새로운 사업은 아주 유망했다. 2001년 11월, 문을 연 가게는 1년 만에 또 다른 가게를 오픈할 만큼 재미를 봤다. 주변에서 이 가게를 체인점화하자는 열화와 같은 희망이 빗발쳤다. 이 사장은 이런 희망을 모아 경상도 전역으로 사업영역을 확대해나가며 성공을 키워나갔다. 지금 해피 앤드 송유리 유통은 서울을 비롯한 수도권까지 진출하여 명실상부한 전국체인으로 발돋움하는 중이다.

'송유리'는 바로 은인이 된 종업원의 딸 이름이다.

"절체절명의 시기에 받은 도움의 의미를 영원히 기리고자 한 것이지요."

하지만 이 상호 속에 담겨진 의미가 그것뿐일까? 그렇지 않다. 그 자신이 발휘한 승부의 지혜가 담겨져 있는 것이다. 겸손하게 자신을 낮추고 타인의 능력을 요긴하게 활용한 지혜가 귀중한 경험과 함께 아로새겨져 있는 것이다. 그 의미가 기업의 이름과 함께 지속되는 한 그의 성공은 쉽게 허물어지는 사상누각에 그치지는 않을 것이다.[16]

당신을 돕고 싶어 안달 나는 사람을 만들라

성공과 실패의 갈림길은 늘 주변 사람에 의해 결정되는 경우가 많다. 사람을 잘 만나 그의 능력을 제대로 활용할 수 있으면 성공이고, 간신과 같은 인물을 만나면 쪽박을 차게 되는 건 당연지사다. 모든 일은 사람 장사로 통한다는 말은 그래서 나왔다. 회사를 차리든 구멍가게를 차리든 각양각색의 사람들에게서 좋은 재능을 얻어야 할 필요는 거기서 나온다. 그래서 성공하는 사람들은 말한다.

'주변의 모두를 당신 팬으로 만들어라. 하나라도 더 돕고 싶어서 안달이 나게 만들어라. 그러면 당신은 성공에 더욱 가까워질 것이다.'

이근철 사장의 예를 봐도 그렇다. 그는 데리고 있던 종업원을 자신의 팬으로 만들 수 있었기에 극적인 위기탈출과 함께 성공의 기회를 찾아냈다. 하지만 그것만으로는 아직 부족하다. 주변의 재능은 기다려서가 아니라 먼저 발굴하고 사냥하지 않으면 안 되기 때문이다. 만나는 모든 사람들로부터 재능을 이끌어내고 활용할 줄 아는 승부사의 재능, 그들 모두를 나의 팬으로 만들 수 있는 능력은 성공의 필수 재능이다. 물론 그러기 위해서는 선결돼야 할 과제가 있다는 게 성공한 사람들의 충고다. 당신이 먼저 모두를 매혹시킬 수 있는 사람이 되어야 한다는 것이다.

시작하기 전
최고의 자산을 쌓아둔다

"사업을 해보겠다는 생각은 없었어요. 처음 입사한 '쌍용그룹'에 뼈를 묻을 각오였으니까요. 회장비서실 부장을 맡을 정도로 경영진의 신임도 두터워 한눈을 팔 이유가 없었습니다. 회사가 부도 나지만 않았어도 지금쯤 최고위 간부가 되어 있었을 겁니다."

인재 아웃소싱업체 '위드스탭스'을 이끄는 이상철(47) 사장의 말이다. 이 사장은 쌍용그룹 기획실에 입사해 '쌍용화재' 영남권 본부장을 역임하는 등 대부분의 시간을 회사원으로 지냈다. 하지만 회사가 침몰하면서 그도 능력과는 상관없이 '두려운 40대'를 맞게 됐다.

회사를 그만둔 이 사장은 처음에 팬션사업을 할 작정이었다. 그러던 그는 우연한 계기를 통해서 인재파견업과 인연을 맺었다. 팬션사업을 본격적으로 벌이기까지는 약간의 짬이 있었고, 그는 친구가 하던 인재 아웃소싱업체의 일을 거들어주기로 했던 것이다. 그 무렵 친구의 사업은 적자에 허덕이고 있었다. 그런데 그가 참여하자마자 놀라운 일이 생겼다. 갑자기 회사의 매출이 늘어나고, 만성적자에 시달리던 회사가 일거에 안정을 되찾았던 것이다. 처음에 이 사장은 '가벼운 기분'으로 친구 일을 돕겠다는 생각이었다. 그러나 사정이 이렇게 바뀌자 그의 생각도 달라졌다. 이 일이야말로 여태껏 생각지 못했던 삶의 승부수가 될 수 있겠다는 확신이 들었다. 이 사장은 2002년 위드스탭스를 설립하고 본격적으로 인재아웃소싱사업에 뛰어들었다.

인재파견업계에는 이미 자리를 선점하고 있던 중견업체들이 즐비했다. 하지만 위드스탭스는 10여 년 이상 지속되던 업계의 판도를 단숨에 깨뜨려버렸다. 설립 당시 1억 원에 이르던 매출액이 2년 만에 20배의 성장세를 기록하고, 3년째가 되자 업계 최고의 자리를 정복해버렸다. 이와 같은 고속성장의 비결은 무엇이었을까?

"파견한 인력을 관리하는 것은 너무나 당연한 일이지요. 그런데도 대부분의 업체들이 인력을 보낸 후에 관리를 하지 않았어요. 사람을 보냈으니 이제 남의 일이라고 여긴 탓이지요. 이 때문에 고객사들의 불편이 적지 않다고 판단했습니다. 관리되지 않는 인력이 제 몫을 다할 리 없잖아요. 위드스탭스가 한 일은 사후까지 철저하게 관리하는 서비스제도를 마련한 것입니다. 그게 성공의 비결이 되었지요."

위드스탭스가 도입한 사후 서비스 시스템이란 바로 '파견 스탭 평가제도'였다. 3개월에 한 번씩 파견한 인력들을 자체적으로 엄격하게 평가해 고객의 불만사항을 최소화시키는 제도였다. 어떻게 생각하면 당연한 서비스였다. 오늘날 A/S에 역점을 두지 않는 기업을 찾아보기 힘들다는 사실만 생각해봐도 그렇다. 그만큼 A/S는 고객서비스의 최후의 보루이자 기업 이미지 제고를 위해 반드시 필요한 사업 영역으로 자리 잡았다. 그런데도 어찌된 일인지 이 업종에서만은 거들떠보지 않는 영역이기도 했다.

이상철 사장은 업계에 뛰어들자마자 단숨에 이 같은 허점을 눈치 챘다. 그리고 그것이 결정적인 승부처가 되리라 생각했다. 그의 예상은 적중했다. 파견인재들은 3개월에 한 번씩 돌아오는 평가에서 살아남기 위해 이전에 없던 열정을 발휘했다. 소속감을 갖지 못한 채 겉돌던 인력들로 골머리를 앓던 기업들은 쌍수를 들어 환영했다. 이 사장은 거기서 그치지 않았다. 아무리 열정이 높아도 능력이 부족한 파견인력들은 과감히 선별

해 재배치시키는 길을 택했다. 최고의 인력이 발휘하는 최고의 서비스만이 위드스탭스는 물론 고객사의 가치를 빛내리라는 믿음 때문이었다.

이처럼 철저한 서비스를 실천하자 성장은 저절로 따라왔다. 위드스탭스는 오래지 않아 'LG전자', '삼성에버랜드' 등 대기업을 고객으로 삼게 됐다. 여성부와 같은 관공서에서까지 인재를 파견해달라는 요청이 쇄도하기 시작했다. 어느덧 100여 개에 이르는 고객사가 회원명부에 이름을 올리고, 업계에서는 드물게 전국적인 지사망을 갖추게 됐다. 그리고 이제 위드스탭스는 글로벌 업체와 제휴하여 해외시장까지 겨냥하는 굴지의 인재파견업체로까지 성장했다.

하고 있는 일이 무엇이든 그 속에서 최고의 자산을 쌓아라

10여 년 이상 업계에 종사하던 사람들도 생각해내지 못한 서비스의 독특한 차별화는 어떻게 가능했던 것일까? 그 점을 알기 위해서는 잠시 이 사장의 회사원 시절로 되돌아가봐야 한다. 그 시절 그가 쌓았던 자산이 위드스탭스의 성공을 불러왔기 때문이다. 이 사장은 쌍용화재에 근무하던 시절 보험업계에 신화를 만든 주인공이었다. 그가 쌓은 자산이란 바로 최고의 서비스 마인드였다.

특수영업팀에 근무하던 시절이었다. 그는 인턴사원 20명과 함께 책상 하나만 달랑 펴놓고 한 기업체 앞에서 영업을 했다. 10일간의 영업을 통해 그가 확보한 고객은 무려 2,000여 명. 팀원 1인당 하루 10건의 계약을 성사시킨 셈이었다. 그 이전에 파견된 영업맨들이같은 인원, 같은 기간 동안 성사시킨 계약은 단 10건. 이 사장의 팀은 단숨에 100배가 넘는 엄청난 계약을 따냈고, 이 기록은 아직도 깨지지 않는 전설로 남았다. 물론 그가 심혈을 기울인 건 단지 계약을 따내는 일만은 아니었다. 언제나 고객의 입장에서 생각하고, 최고의 서비스를 구현하기 위해 모든 노력을 다했다. 영업지점장과 본부장을 거치면서 그에게 '최고의 보험맨'이란 수식어가 붙은 것은 우연이 아니었다. 그만큼 그는 특별한 서비스를 지향했고, 매순간 그 꿈을 위해 치열하게 전쟁을 치러왔던 것이다.

"소비자 입장에서 보험은 '눈먼 투자'에 불과하지요. 사고가 나기 전에는 돈만 들지 혜택은 못 받으니까요. 그래서 고객이 이탈할 가능성이 매우 높습니다. 평상시는 물론 사후까지 철저하게 관리를 하지 않으면 한순간에 고객을 뺏길 수도 있다는 이야기입니다."

고객의 마음을 사로잡기 위해 언제, 어느 곳에서나 최선의 노력을 다해온 것. 그 시절 이 사장이 거뒀던 성공의 비결이었다. 하지만 그것은 현재의 성공을 위해서도 똑같은 역할을 했다. 그 때 쌓은 최고의 자산이 마흔 살의 승부에도 엄청난 힘으로 작용했던 것이다. 그것이 위드스탭스가 거둔 고속성장의 비결이 됐다. 인재파견업의 맹점을 한눈에 파악하고 단숨에 그것을 공략한 과단성이 그것으로부터 나왔던 것이다.

"명색이 인재파견회사인데, 내부의 인재와 함께 성공을 일궈오지 못했다면 그게 더 문제이지요. 혼자 할 수 있는 일은 없습니다. 그래서 저는 '더불어'라는 말을 좋아합니다. 회사 이름에 'with'를 넣은 것도 그 때문이지요."

위드스탭스의 성공은 오로지 CEO의 힘 덕분이라는 세간의 평가를 들을 때마다 그는 단호하게 고개를 흔든다. 그의 말처럼 유능한 CEO 밑에서 열정을 불사른 직원들이 아니었다면 성공은 불가능했다는 것이다. 하지만 그가 'with'한 것은 단지 직원들만이 아니다. 승부 이전에 혼신의 힘을 다해 쌓아온 최고의 자산이 그와 함께 하지 않았다면 오늘의 성공도 없었을 것이기 때문이다.[17]

저축이란 미래의 불확실에 대비하기 위한 것이기도 하지만 투자를 위한 목돈 마련이라는 기능도 갖고 있다. 자산 없이 투자 없다. 하다못해 고스톱을 칠 때도 판돈 없이는 과감한 배팅이 불가능하니 말이다. 성공한 사람들이 생각하는 '지금 이 자리에서의 저축'도 그와 다르지 않다.

'하고 있는 일이 무엇이든 그 속에서 최고의 자산을 쌓아라.

그것을 차곡차곡 지갑에 채워둬라. 미래는 언젠가 반드시 그 지갑을 열게 만든다.'

과감하고 확률 높은 '성공의 배팅'은 승부 이전에 쌓아둔 자산으로 이뤄진다는 얘기다. 그 좋은 사례 하나를 이상철 사장의 경험이 보여주고 있다.

성공의 기본기

'스타벅스'의 하워드 슐츠 회장은 방금 볶은 신선한 커피 원두를 한 움큼 쥐고 향을 들이켜는 버릇이 있다고 한다. 고소한 커피 향을 통해 성공을 음미하려는 게 아니다. 막힌 하수구처럼 사업이 풀리지 않을 때 그런 행동을 한다.

'커피 향은 우리가 어떻게 사업을 시작했고, 계속 성장하기 위해서는 무엇을 해야 하는지 일깨워준다.'

결국 사업의 기본인 커피로 되돌아갈 때 문제의 출발점을 쉽게 찾고, 해결방법도 그렇다는 것이다. 슐츠 회장은 사업의 기본에 충실하다는 일이 얼마나 중요한 것인가를 커피향을 통해 되새김질하는 것이다. 우리도 승부 속에서 수많은 어려움을 만난다. 해결해야 할 과제도 산더미처럼 밀려온다. 이 과제들을 가장 빠르고 효과적으로 해결하는 방법을 슐츠 회장은 가르쳐주고 있다.

'기본으로 돌아가라. 그것이 원래의 목적을 상기시켜주고 해결방향을 알려준다.'

초등학교 교과서만큼만 해도 최고가 된다

동양최대의 닭고기 전문 기업 '㈜하림'. 이 회사 회의실에 가면 특이한 풍경이 눈에 띈다. 벽면을 장식한 책장에 초등학교 도덕 교과서가 즐비하게 꽂혀 있는 것이다. 그뿐만이 아니다. 이 회사를 이끄는 CEO 김홍국(49) 사장이 가장 좋아하는 노래는 '새 나라의 어린이는 일찍 일어납니다'로 시작하는 초등학교 때의 그 동요, 「새 나라의 어린이」다.

'초딩스럽다'라는 표현이 딱 걸맞다. 닭고기 전문 기업의 틀을 벗어나 이제 '하림그룹'으로 덩치를 키워가고 있는 마당에 어찌된 일일까? 바로 김 사장의 독특한 경영철학 때문이다. 그는 초등학교 시절 배운 교과서의 내용만 잘 실천해도 세계 일류 경영자가 될 수 있다고 믿는다. 도덕 교과서에서 배운 것을 떠올려보자. 거짓말 하지 마라, 부지런해라, 약속을 잘 지키라고 가르친다. 김 사장은 수백 권의 전문서적을 읽고 내로라하는 외국대학에서 공부하는 것보다 누구나 아는 원칙을 실천하는 길이 더 효과적이라고 말한다.

1991년 ㈜하림을 설립하며 이른 나이에 성공가도를 달렸던 김홍국 사장. 그도 숱한 어려움을 헤쳐나왔다. 특히 양계장을 하던 1980년대 초반 닭 값이 폭락했을 때와 2003년 1만여 평의 공장이 잿더미로 바뀌었을 때가 가장 견디기 힘든 시절이었다. 김 사장은 이 위기를 기본에 충실한 경영 덕분에 슬기롭게 극복했다. 한 번은 사업의 기본으로 돌아가 발견한 아이디어로, 다른 한 번은 이미 실천한 기본이 불러온 나비효과 때문이었다.

닭 값 폭락 당시 김 사장은 빚쟁이에 쫓겨 도피생활을 했다. 냄새나는 돼지막에 숨어들어가 잠을 청하기도 여러 날, 그는 재기를 위한 묘수 때문에 밤잠을 이룰 수가 없었다. 몇 날 며칠을 새워가며 머리를 쥐어짜도 해결방법이 떠오르지 않았다. 그러던 어느 날 지칠 대로 지친 그는 마침내 장사란 무엇인가라는 기초적인 문제로 돌아가보기로 했다.

장사야 물론 생산-유통-소비라는 단계로 이뤄진 경제행위다. 이 모든 단계를 가로지르는 기본은 신선하고 질 좋은 닭고기를 가장 저렴한 값에 공급하는 것. 그래야 소비자의 만족도를 극대화하고 자신도 돈을 벌 수 있었다. 일단 문제해결의 기본 베이스를 뽑아내자 김 사장의 머리는 창조적으로 돌아가기 시작했다. 어떻게 하면 소비자의 만족도를 극대화할 수 있나? 닭고기는 사육과 가공, 유통이라는 세 단계를 거쳐 소비자의 손에 전달된다. 신선함과 저렴함을 동시에 충족시킬 수 있는 방법은 결국 어디에선가 유통단계를 줄여야 한다는 결론이었다. 하지만 사육-가공-유통이라는 이 간단하고도 필수적인 단계 어디에 더 메스를 들이댈 수 있을까?

유명한 '삼장(三場)통합론'이 탄생한 건 바로 그 때였다. 뺄 수 없다면 더하면 되는 것 아닌가. 사육과 가공을 한 단계로 묶어 동시에 처리하면 어떻게 되지? 당연히 생산원가가 절감된다. 하지만 그 걸로는 부족하다. 소비자를 경악의 수준으로까지 감동시키기 위해서는 그 이상의 높은 질과 저렴한 가격이 필요했다. 그렇다면 유통단계까지 하나로 합치면 되잖아? 생산자와 소비자가 직접 거래할 수 있는 토대가 마련되고 유통마진이라는 거품이 일거에 날아가버릴 테니…. (1+1)+1=1!

실타래처럼 얽힌 문제더미 속에서 가장 기본이 되는 것을 뽑아내자 이처럼 농장, 공장, 시장을 한데 묶는다는 창조적인 해결 방법이 탄생했다. 바로 그의 이런 독특함이 1986년 세워진 하림의 모태가 되었다. 김 사장의 창조적인 발상은 소비자의 선풍적인 인기로 증명됐다. 하림이 아시아 최대의 육계전문기업으로 거듭난 건 어쩌면 당연한 일이었다.

원칙에 투자하는 것이야말로 대박투자

2003년, 40대 중반의 나이에 맞은 최대의 위기도 마찬가지였다. 김홍국 사장은 하림이 출발하던 시절부터 한 가지 원칙을 가지고 있었다. 하림이 농민과 지역사회에 든든히 뿌리를 내려야 한다는 게 그것이었다. 그 자신이 농민의 아들이기도 했지만, 무엇보다 농업을 기반으로 한 기업은 농촌사회와 물과 물고기의 관계처럼 긴밀해야 한다고 믿었기 때문이다. 이와 같은 생각이 화재라는 대재앙 앞에서 하림을 탈출시켜주리라고는 그 자신도 미처 짐작하지 못했을 것이다.

하림이 불타고 도산할 위기에 처하자 누구보다 먼저 발 벗고 나선 건 바로 지역 주민들이었다. 이제껏 자신들을 먹고살게 해준 고마운 기업을 망하게 둘 수 없다는 것이었다. 그들은 바쁜 농사일을 팽개치고 2달 동안이나 복구 작업에 참여했다. 그런가 하면 코흘리개 유치원생까지 참여해 6억 원에 가까운 거액의 복구기금을 마련해주기도 했다. 김 사장이 실천한 원칙이 거대한 나비효과가 되어 되돌아온 순간이었다.

"그 때 하림은 지역 기업으로 영원히 남을 것이라고 다짐했지요. 화재 이후 지역사회에 환원한 수익은 돈으로 매기면 갚고도 남을 겁니다. 하지만 당시의 고마움과 책임감은 앞으로도 영원히 커져나갈 것입니다."

요즘도 김홍국 사장은 하림과 거래하는 농민들 중 30% 이상이 연수익 1억 원을 넘는다고 자랑하고 다닌다. 그는 그렇게 농민들과의 약속을 지켰다. 지역 기업으로서의 기본을 실천함으

로써 그 어느 기업도 얻기 힘든 성공의 든든한 자산을 쌓게 된 것이다.[18]

'장사라는 건 원래 화려한 사업이 아니다. 당연한 것을 꾸준하게, 오기가 넘치도록 철두철미하게 추구하는 것 외에 경쟁 점포와의 차별화를 이루는 길은 없다. 1~2주일 동안 청결에 신경을 쓰면 금세 매출이 올라가는 것은 아니다. 거꾸로 언제나 깨끗한 가게가 조금 더러워졌다고 해서 급속하게 매출이 떨어지는 것도 아니다. 무서운 것은 바로 여기부터이다. 이러한 형식적인 유혹을 배제하고 기본을 철저하게 지켜나가며, 이를 장시간에 걸쳐 유지해나가면 가게를 찾는 고객이나 매출이 증가하는 것이다.'

'세븐일레븐'의 창업자 스즈키 도시후미의 말이다.

누구나 자신이 선택한 승부의 분야에서 실천해야 할 기본들이 있다. 회사 안에 남아 CEO가 되려는 사람은 그 방향 속에서 실천해야 할 기본이 있다. 창업이나 그 밖의 형태로 승부하려는 사람 역시 마찬가지다. 그러나 분야는 달라도 근본은 같다. 어떤 분야든 하려는 일의 기본기를 철저히 익혀야 한다는 것이다.

요즘 교육에 대한 투자는 천문학적으로 느는데, 아이들의 문제해결력은 점점 떨어지는 기현상이 벌어지고 있다고 한다. 내신 1, 2등급을 맞는 아이들이나 심지어 특목고생들도 문제의 핵심이 무엇인지를 몰라 시험을 포기하는 경우가 많다는 것이다. 어려서부터 용하다는 학원, 과외선생만을 찾아다니며 문제 푸는 요령만을 배워온 결과다. 그래서 교육 전문가들은 가장 기본이 되는 곳으로 돌아가라고 충고한다. 그 기본이란 물론 교과서다.

통찰력은 힘이 세다

　'통찰력'이란 알다시피 예리한 관찰력으로 사물을 꿰뚫어보는 힘을 말한다. 이 힘이 가장 날카롭게 발휘돼야 하는 건 미래의 흐름을 짚을 때다. 통찰력이 부족한 사람은 늘 한 발 늦거나 터무니없이 앞서나간다. 당연히 성공은 그의 몫이 될 수 없다.

　19세기 프랑스 작가 발자크는 문학적 명성 못지않게 '거꾸로 된 미다스의 손'으로도 유명했다. 무엇이든 황금으로 바꾸는 미다스와 달리 그가 손을 대는 사업은 전부 망해버렸기 때문이다. 출판업, 인쇄업, 부동산업, 골동품 판매업, 광산업 등 모두가 마찬가지였다. 한 재산 장만하려던 그는 빚더미에 파묻혔고, 평생 그 빚을 갚으려고 소설을 썼다.

　재미있는 건 발자크가 손을 댔던 사업들이 시간이 흐른 뒤에 진짜 황금알을 낳은 거위가 됐다는 사실이다. 물론 그 거위는 다른 사람들의 차지였다. 발자크는 올바르게 미래를 예측했지만 지나치게 앞질러 나갔다. 작가적 상상력을 비즈니스 세계에 잘못 적용했던 것이다.

우리 주변에서도 이런 경우는 흔히 볼 수 있다. 견문이 좁은 사람은 이미 한물 간 사업 구상을 들고 호들갑을 떤다. 이것저것 아는 게 많은 사람은 코앞의 현실을 보지 못해 실패한다. 중요한 건 현실이 흘러가는 방향을 먼 미래까지 정확히 예측하면서도, 늘 사람들의 한 걸음 앞에 발을 내딛을 수 있는 능력이다.

운 좋아 성공했다?

L(40)씨는 주변 사람들로부터 '운 좋은 사람'으로 불린다. 별다른 실패도 없이 많은 부를 쌓아왔기 때문이다. 하지만 가만히 들여다보면 그의 성공은 단지 운 때문이 아니라는 사실을 알게 된다.

문교부 시범학교로 지정된 고등학교를 다닌 L씨는 원어민 교사로부터 제대로 된 영어교육을 받았다. 고교 졸업 직후 곧바로 유학을 떠날 수 있었던 건 바로 그 때문이었다. 석사를 마치고 귀국한 그는 삼성그룹 계열의 광고기획사에 입사했다. 직접 광고를 제작하면서 실력 있는 사원으로 인정받았다. 그러나 그를 성공으로 이끈 건 그가 밟은 엘리트 코스도, 직접 제작한 광고물도 아니었다. 입사 이후 발휘된 그의 놀라운 통찰력이 그

일을 해주었다.

그가 미래를 내다보는 일의 중요성을 절감한 건 IMF사태 때였다. 기획사를 다닌 지 3년, 결혼한 지 갓 3개월이던 때였다. 기업들의 생사가 오락가락하는 상황에서 그가 다니던 광고회사라고 무풍지대에 있을 수는 없었다. 감원대상은 아니었지만 앞날에 대한 예측력이 없다는 게 얼마나 무서운 결과를 가져올 수 있는지 그는 두려움 속에서 지켜보았다. 코앞의 위기 앞에서도 흥청망청하던 기업들도 그렇고 개인의 삶도 그랬다. 남보다 먼저 흐름을 짚어내고 변화하지 않으면 도저히 살아남지 못하리라는 위기감이 엄습해왔다. 그래서 모두들 자리보전에 급급해하던 1998년 말 미련 없이 회사를 버렸다.

"이대로 월급쟁이로 있어서는 안 되겠다고 생각했어요."

월급쟁이는 우물 안 개구리처럼 조직의 스펙트럼으로 세상을 내다보기 마련이다. 변화를 하고 싶어도 조직의 덩치에 파묻혀 옴짝달싹 못하는 경우가 많다. 그러다가도 상황이 나빠지면 가장 먼저 목이 달아나는 게 샐러리맨이었다. 부모님은 어려운 시기에 괜찮은 직장을 그만두는 아들을 야단쳤다. 하지만 그는 뜻을 꺾지 않았다.

"무조건 인터넷을 하겠습니다."

올바른 결정이었다. 세상은 이제 막 IT기술에 기초한 벤처 신세계로 돌입하려는 시점이었다. 그는 선배가 창업해 운영하던 '옥션'의 합류요청을 받았다. 그는 선배의 권유를 신중하게 고려하다가 마침내 받아들이기로 했다.

L씨의 예측은 그대로 맞아떨어졌다. 세상이 들썩거릴 정도로 벤처 열풍이 몰아쳤던 것이다. 그런데 왜 하고 많은 벤처 아이템 가운데 옥션을 선택한 것일까. 아직은 IT기술의 저변을 넓히고 정교함을 높이기 위한 기술개발이 대부분이지만, 곧 비즈니스를 직접적으로 도입하는 단계로 나아가리라는 예측 때문이었다. 쉽게 말해 인터넷도 현금이 거래되는 장터와 같아질 거라고 생각했던 것이다. 이미 IT 선진국에서는 그런 흐름이 감지되고 있었다.

'인터넷 ↔ 거래'라는 말을 들으면 흔히 전자상거래를 생각하겠지만 L씨는 달랐다. IMF를 거치며 수십, 수백만의 사람들이 직장을 잃거나 두려움에 떨고 있었다. 그 많은 사람들이 눈앞의 불안함을 해결할 수 있는 길은 결국 창업밖에 없었다. 하지만 그들 대부분은 필요한 자금을 가지고 있지 못했다.

옥션의 성공 기회는 바로 거기에 있었다. 부담스런 자본금의 마련 없이도 누구나 쉽게 사업가가 될 수 있는 곳. 집에서 직접 빚은 떡이든 술이든 어떤 것이라도 상관없었다. 사이버 세상에 자신의 가게를 차리고 떠들썩한 경매시장의 분위기 속에서 재기의 발판을 마련할 수 있었다. 그래서 그는 수많은 사람들의 한 걸음 앞에 온라인 창업이라는 디딤돌을 놓아주기로 했다. 미래의 방향에 몸을 실으면서도 IMF 이후 한국사회라는 현실을 정확히 고려한 결정이었다.

터닝포인트에선 돌아라

그의 통찰력대로 옥션은 큰 성공을 거뒀다. 입사한 지 1년 반 만인 2000년에는 주식이 코스닥에 상장되어 '황제주'로 등극했다. 기획실장으로 입사했던 그는 지분의 2%를 배정받았다. 2%라지만 막대한 액수에 해당하는 주식이었다.

때마침 한 가지 변수가 생겼다. 세계적인 경매사이트 '이베이'가 옥션을 인수한 뒤 한국시장에 진출하기 위해 호시탐탐 기회를 노렸던 것이다. 누가 봐도 공룡 같은 거대기업이 한국의 작은 기업을 인수하는 건 시간문제로 보였다. 실제로도 일은 그렇게 진행되어 갔다.

그는 여기서 다시 한 번 선택의 순간을 맞았다. 남을 것인가, 떠날 것인가. 옥션의 발전가능성은 아직도 무궁무진했다. 이베이 쪽에서도 한국경영진은 물론 회사이름이며 시스템까지 그대로 존속시키겠다는 당근책을 제시해왔다. 하지만 그의 통찰력은 지금이 바로 떠나야 할 때라고 속삭였다. 온라인 판매시장이 정점에 이르기 위해서는 아직도 많은 시간이 필요했다. 하지만 번개처럼 변하는 벤처 시장에서 '내일'이란 의미가 없었다. 이베이도 그렇지만 옥션이 선보였던 서비스를 흉내 내며 수많은 후발주자들이 모습을 드러내고 있었다.

그는 과감하게 지분을 정리하고 회사를 떠났다. 60억 원이라는 적지 않은 돈이 손에 쥐어졌다. 그 돈으로 다른 벤처 회사를 차릴 수도 있었지만 그렇게 하지 않았다. 벤처산업 전체의 성장세가 대폭 꺾인 시점이었다. 이제 거품이 걷히고 알짜배기 기술을 가진 기업들만 생존해 시장을 선도해나갈 차례였다. 그는 이런 회사들에 투자하는 인큐베이팅사업이 유망하다는 사실을 간파했다. 그는 함께 회사를 떠난 이들을 설득해 투자인큐베이팅 겸 지주 회사를 차렸다. 물론 그의 예측은 이번에도 맞아떨어졌다.

"처음 옥션을 정리하고 나올 때 약간의 경험과 자본을 확보했다고 생각했어요. 그동안 고생도 했지만, 지금은 그 때보다 경험도 자본도 더 늘었지요."

L씨는 겸손하게 말하지만 그 바닥에서 5년 이상 장수하고 있는 회사를 운영한다는 건 흔치 않은 성공이다. '부티크'라 불리는 이런 회사는 한때 1천여 개 이상 생겼다가 지금은 그의 회사를 비롯해 몇 개 남지 않았다. 그만큼 그의 사업은 정확한 미래 전망에 입각하면서도 현실의 올바른 지점에 발 딛고 있었던 것이다.

성공한 이들 가운데는 통찰력을 '산책 속의 독서'에 비유하는 사람이 있다. 오솔길을 걸으며 책을 읽는 사람은 위태로워 보인다. 책을 통해 그의 눈은 미래를 내다보지만 행여 돌부리에 채이지 않을까 더듬더듬 땅을 밟으며 나아가기 때문이다. 먼 미래를 생각하면서도 조심스럽게 현실을 살피며 앞으로 나아가는 것. 미래를 향한 통찰력의 모습은 바로 그와 같다. L씨가 그려온 삶의 궤적에서 확인할 수 있듯, 확실히 통찰력은 힘이 세다.

사람 좋아하는 사람을 당해낼 수 없다

플라스틱 소재의 정밀 부품 회사 'KJ프리텍'의 홍준기(45) 사장. 그는 행복한 삶을 살아온 사람이다. 그의 곁에는 늘 기쁨과 눈물을 함께해줄 여러 벗들이 있었기 때문이다. 그들이 그의 승부를 힘 있게 끌어주고, 성공을 위한 다리의 역할을 해주었다.

그는 대학시절 이른바 '운동권'이었다. 원래 사업가를 꿈꿨던 그는 그래서 일찌감치 승부의 방향을 정해둘 수 있었다. '돈도 많이 벌고, 직원들과 그 부를 공유하고, 사회적 책임도 다하는 기업.' 1987년 졸업과 함께 매형의 공장으로 들어간 것도 그래서였다. 사업가가 되기 위해서는 샐러리맨보다 공장의 밑바닥부터 구르는 생활이 더 필요하다고 생각했기 때문이다. 매형의 회사는 일본기업에 납품하는 플라스틱 부품을 생산했다. 그는 매형의 지시에 따라 일본으로 건너가 현지 기업에서 도제생활을 했다. 2년 동안 배운 그 때의 지식은 나중에 요긴한 자산으로 활용됐다. 지금 세계적으로 인정받는 KJ프리텍의 기술력은 이 무렵 마련된 것이나 다름없다.

귀국한 뒤 한동안 모든 게 순조로웠다. 하지만 언제부터인가 조금씩 일이 꼬이기 시작했다. 회사의 비전과 운영방침을 놓고 사사건건 매형과 맞서는 일이 생겼던 것이다. 마침내 갈등은 봉합할 수 없는 상태까지 이르렀다. 절이 싫으면 중이 떠나야 할 상황이었다. 그는 미련 없이 매형의 품을 떠났다. 어차피 자신의 힘으로 회사를 차리겠다면 하루라도 빨리 시작하는 게 좋다는 생각도 그의 결심을 재촉했다.

하지만 문제는 있었다. 그도 돈 없고, 빽 없는 가난한 창업자에 불과했기 때문이다. 아니 그의 상황은 더욱 좋지 않았다.

"퇴직금 4백만 원을 들고 홀로 독립했지요. 어디 가서 구멍가게 하나 못 건질 돈이었습니다. 그러니 믿을 거라고는 제가 갖고 있는 기술밖에는 없었지요."

그는 먼저 뜻을 함께할 사람을 구했다. 그가 원하는 인재는 그저 '일 잘 하는' 사람이 아니었다. 회사가 자리를 잡을 때까지 기약 없는 고통을 함께 견디며 동고동락해줄 사람이 필요했기

때문이다. 게다가 그 일을 선뜻 해주겠다고 나설 사람이 있을
지는 그도 알 수 없었다. 몇 날 며칠 고민하던 그는 혹시나 하는
마음으로 대학 후배들에게 연락을 했다. 그런데 아주 뜻밖의
반응이 돌아왔다. 대기업에 다니던 대여섯 명의 후배들이 당장
사표를 쓰고 그의 지하 셋방 사무실로 합류하겠다고 나선 것이
다. 단지 그의 몇 마디 사업구상을 듣고서였다. 그들의 '즉흥적
인' 결정에 오히려 그가 불안해졌다. 그는 손사래를 치며 신중
에 신중을 거듭해줄 것을 당부했다. 하지만 그들의 대답은 명
쾌했다.

"형이 한다면 우리가 돕습니다."

KJ프리텍의 창업공신들이 탄생하는 순간이었다. 홍 사장은
바로 그들의 힘을 자양분으로 지금까지 힘든 승부의 세계를 헤
쳐올 수 있었다.

위험의 한복판으로 몸을 던질 수 있는 이유

부족한 자금을 해결하는 일은 더욱 '독특한 방식'으로 이뤄
졌다. 창업을 하기 위해 필요했던 자금은 약 4천만 원. 그는 기
적처럼 퇴직금의 10배가 넘는 그 돈을 단시간에 마련했다. 돈
을 마련해준 사람들은 부모나 일가친척, 혹은 그의 친구들이
아니었다. 매형 회사를 다니던 시절 그가 찾아다니던 대기업의
구매 담당자들이 그 돈을 대주었다.

"좋습니다. 당신이라면 나도 믿을 수 있습니다. 사재라도 털어 당신을 돕겠습니다."

악수를 청하며 그들이 건넨 말이었다. 오직 그의 성실성과 장래성 하나만을 믿고 거액의 돈을 선뜻 내주었던 것이다. 거래처를 출입하며 터놓은 '안면'만으로는 설명하기 힘든 일이었다. 호형호제할 만큼 그들과 마음을 소통하고, 그 속에서 될성부른 떡잎이라는 강한 확신을 주었기에 가능한 일이었다. 결국 홍 사장은 시작하기도 전에 부자였던 셈이다. 가진 건 없었지만 누구보다 큰 사람부자였던 것이다.

이후 사업을 하면서도 그가 구축해놓은 인적 네트워크는 늘 커다란 힘을 발휘했다. 위기의 순간마다 음으로 양으로 보태오는 지인들의 도움으로 어렵지 않게 위기를 극복할 수 있었기 때문이다. 창업도 그렇지만 그가 승부의 고비마다 위험 속으로 주저 없이 뛰어들 수 있었던 비결도 결국은 그가 가진 사람의 힘으로부터 나왔다.

이런 일화들 덕분에 홍 사장에게는 한 가지 별명이 붙었다. '인맥 관리의 달인.' 사람들은 그에게 묻곤 했다. 그처럼 뛰어난 인맥관리의 비결은 무엇이냐고. 하지만 그는 그 때마다 고개를 갸웃거릴 수밖에 없다. 스스로 생각하기에도 비결이라고 할 만한 것이 없기 때문이다. 그가 사람을 대하는 방식은 너무도 간단했다.

"글쎄요…. 굳이 꼽을 수 있다면 사람을 진짜로 좋아한다는 걸 들 수 있을까요? 저는 사람을 사업관계로 보지 않았습니다. 그저 사람을 만나면 허심탄회하게 이야기를 나누고 함께 웃거나 한숨짓습니다. 그걸 비결이라고 말할 수 있을까요?"

그러나 이 특별하지 않은 방식이 실은 무서운 인맥관리의 비결이 됐다. 사람들이 진정으로 원하는 계산 없는 '진실'을 그가 줄 수 있었던 것이다. 필요하면 붙고, 그렇지 않으면 냉혹하게 자르는 게 얄팍한 세상인심이다. 그걸 다 알면서도 서로서로 웃음을 팔아야 하는 게 세상살이의 진실이기도 했다. 인맥의 중요성이 날로 더해갈수록 사람들의 인간관계 스트레스가 늘어가는 것도 바로 그 때문이다. 결국 사람들은 일을 할 땐 프로답게 경쟁하더라도 가능한 '돈 냄새'가 가장 안 나는 만남에 갈증을 느끼고 있었던 것이다. '그저 사람을 좋아할 뿐'이라는 그의 사람철학은 바로 그 순간 엄청난 신선함과 사람을 끌어들이는 힘으로 작용했다.[19]

인맥의 중요성과 힘을 다시 강조할 필요는 없을 것이다. 그러나 단지 넓은 것으로는 충분치 않다. 속이 꽉 찬 관계가 승부의 출발과 위기의 순간에는 더욱 필요하기 때문이다. 함께 피땀을 나누고, 웃음과 눈물을 함께해줄 사람들이 때로는 한 무더기의 관계를 다 합친 것보다 더 큰 위력을 발휘하는 순간이 있기 때문이다. 그처럼 꽉 찬 관계를 위해서는 오히려 모든 걸 비워야 한다는 걸 홍준기 사장은 가르쳐준다. 텅 빈 관계 속에서야말로 사람들은 더 큰 소리로 공명할 수 있다는 것이다.

록펠러
Rockefeller

탐욕의 40대,
무자비하게 밀어붙이다

남북전쟁 뒤 석유붐을 놓치지 않고 뛰어들어 트러스트 방식으로 일약 미국에서 손꼽히는 갑부의 반열에 오른 록펠러 1세는 1879년 마흔 살의 나이에 만만치 않은 적수를 만나 골머리를 썩고 있었다. 경쟁업체인 타이드워터에서 '석유벨트'와 해안지역을 잇는 176km의 대형 파이프라인 건설계획을 발표하고 밀어붙이기 시작한 것이다. 철도망 장악을 통해 사실상 시장배급권을 독식하던 록펠러의 스탠더드오일에 대해 이 파이프라인 한방으로 반격하려 했다.

록펠러 진영에 비상이 걸렸다. 수단 방법을 가리지 않고 경쟁업체를 죽이고 먹어치우는 탐욕으로 악명을 떨친 록펠러는 이번에도 총력전으로 방해공작에 나섰다. 파이프라인 예정지의 핵심적인 토지를 선점하는 수법으로 프로젝트 자체를 좌절시키려 했다. 그러나 타이드워터 쪽은 노선을 바꾸고 험난한 구간의 난공사도 성공시켜 록펠러 진영의 방해공작을 극적

으로 뿌리친다. 타이드워터의 프로젝트는 '브룩클린교와 맞먹는 기술상
의 위업'이라는 대중의 칭송까지 들으며 대성공을 거둔다. 사람들은 이것
으로 타이드워터가 새로운 강자가 될 것이라고 생각했다.

그러나 록펠러가 누구인가? 그의 무시무시한 기업전쟁은 1차전의 패
배를 떨쳐버리고 곧바로 2차전으로 돌입했다. 파이프라인을 막지 못했다
면 파이프라인의 소유권을 뒤흔들어버리면 되지 않는가? 타이드워터를
대상으로 뇌물공세가 퍼부어졌다. 그러자 타이드워터의 경영진이 조금씩
포섭돼 나갔다. 곧이어 주주들 사이에 분쟁이 벌어지고, 회사는 계속 갖가
지 문제에 휘말려 들어갔다. 이런 상황에서 선택할 길은 두 가지 가운데
하나밖에 없다. '경영권을 록펠러 진영에 상납하고 주식을 분배받을 것인
가, 아니면 독자적으로 해나가다가 끝내 파산할 것인가?' 결국 주주들은
록펠러의 스탠더드오일에 회사를 매각하고 주식을 받기로 하는 데 동의해
버린다.

남북전쟁 뒤 미국 전역에 불어 닥친 석유붐에는 수많
은 사람들이 뛰어들어 경쟁을 벌였다. 그러나 최후의
승자는 오직 록펠러 하나라고 해도 지나치지 않다.
당시까지 그 어떤 기업도, 그 어떤 기업가도 시
도하지 않았던 독점시스템인 '트러스트'를 전
면적으로 밀어붙여 미국 최강의 경제력을
형성하고 그 중심부를 장악했기 때문이다.
그 수법은 다음과 같이 정리할 수 있다.

1. 차별성 있는 품질 경영, 원칙 경영으로 동업회사를 키운다.

2. 이 모회사의 지배권을 확보한다.

3. 이 모회사에 다시 연합세력을 붙여 덩치를 더 크게 키운다.

4. 이렇게 커진 덩치의 모회사를 바탕으로 트러스트를 밀어붙인다.

5. 트러스트에 가담하는 세력에게는 주식을 줘 흡수하고, 반대하는
   세력은 수단방법을 가리지 않고 죽인다.

6. 이런 방식으로 트러스트가 미국 석유산업의 거의 전부를 장악하도
   록 모든 수단을 총동원한다.

7. 트러스트의 팽창과 함께 트러스트의 지분을 지속적으로 늘린다.

실제로 록펠러 등 거물 정유업자들은 스코트, 밴더빌트, 제이 굴드 등 철도왕들과 회담을 벌여 석유–철도 카르텔을 만들었다. 이렇게 철도회사와 짜고 엄청난 수송물량을 철도회사에 안정적으로 공급하는 대신 거액의 리베이트를 받아 막강한 자금력으로 온갖 덤핑과 로비 매수 협잡을 일삼았다. 이런 식의 무자비하고 잔인한 전쟁을 벌여 록펠러는 뉴욕에서 15개, 필라델피아에서 12개, 피츠버그에서 22개, '석유벨트'에서 27개 정유사를 쓰러뜨렸다.

록펠러의 40대는 바로 이런 무자비한 전쟁의 정점으로 기록돼 있다. 보통사람의 상식과 양심을 뛰어넘는 비인간성과 탐욕, 그리고 갖가지 범법적 행위를 무릅써야 세계 최대의 부호가 될 수 있었다는 엄혹한 진실 위에 록펠러는 서 있다.

세종대왕

世宗大王

40대 이후는
온통 나라말 사랑뿐

우리 역사에서 가장 존경받는 군주 가운데 하나인 세종대왕. 그의 대략적인 약력을 보면 한 가지 흥미로운 사실을 발견하게 된다. 1397년에 태어나 1450년 53살의 나이로 세상을 떠날 때까지 그는 숱한 민족사의 공적을 이룩해내고 있다. 그런데 40대 이후의 공적으론 단연 나라말 한글에 관한 것이 압도적으로 눈에 띈다. 세종은 나라말을 마흔 살 이후의 승부수로 삼았던 것일까? 역사 기록을 보자.

1443년(46살) : 집현전 학자들로 하여금 나라말을 연구하게 하여 훈
민정음 28자를 만듦.

1445년(48살) : 훈민정음으로 「용비어천가」를 만듦.

1446년(49살) : 3년 동안 시험을 한 뒤 훈민정음을 반포함.

1447년(50살) : 『동국정운』을 편찬함.

1449년(52살) : 『석보상절』, 『월인천강지곡』을 편찬함.

1450년(53살) : 동별궁에서 승하함.

실제로 나라말 말고 40대 이후 눈에 띌 만한 공적으로는 41살 때인 1438년 천체의 움직임과 시간을 한 눈에 볼 수 있는 '옥루'가 완성됐다는 것과 3년 뒤 1441년 장영실로 하여금 세계 최초의 '측우기'를 발명하게 한 것 정도에 지나지 않는다. 나머지는 모두 나라말에 관한 것이다. 한글이 단연 주인공이다.

과연 나라말을 새로 제정한다는 일이 단지 몇 달 만에 이뤄질 수 있을까? 아닐 것이다. 나아가 나라의 온 지혜와 역량, 그리고 문제의식을 한 용광로에 집어넣어 새로운 나라말을 벼려낸다는 구상을 시작한 것이 훈민정음 창제 한두 해 전부터일까? 이 역시 아닐 것이다. 그보다 훨씬 여러 해 전부터라고 보아야 맞다. 이런 점에서 민족의 성군 세종의 40대는 온통 나라말 한글을 향한 사랑과 열정에 바쳐지고 있었다고 해도 지나치지 않다.

사실상 우리의 한글이 중화문명의 인접국가 가운데 유일한 대항문자로 창제된 것은 아니다. 게다가 인접국가의 문자 가운데 그렇게 일찍 창제된 편에 들지도 않는다. 태국, 버마 등은 오히려 한글보다도 먼저 문자를 만들어냈다. 하지만 한 가지만은 확실하다. 한글 창제를 자극시킨 존재인 중국의 한자까지 포함해 아시아권의 여러 문자, 나아가 세계 전체의 숱한 문자로 확대해서 보더라도 한글은 단연 우수한 문자라는 사실이다. 실제로 영국 캠브리지 언어학대학원은 전 세계 문자를 대상으로 비교연구한 뒤 한글이 독창성, 과학성, 편의성에서 가장 뛰어난 문자라고 평가하는 결과를 발표했다.

'한글이 중국의 한자는 물론 일본의 가나, 그리고 알파벳문명권의 숱한 서구 문자들보다 뛰어나다.'

필자도 처음에는 이 기록에 기분이 좋으면서도 실제로는 과연 그럴까라는 약간 의문스러운 기분도 떨쳐내기 어려웠다. 그런데 문득 휴대폰 문자 메시지를 쓰다가 한글의 경이로운 성능을 직접 깨달을 수 있었다. 휴대폰의 경우 자판은 12개 정도로 구성돼 있다. 한글은 이 12개 자판만으로 충분히 자음 모음을 모두 구사할 수 있다. 한 자판에 자음이나 모음이 많이 들어가야 2개, 그렇지 않고 한 개로만 된 것도 2개나 된다.

반면 영어자판은 자판 한 개에 보통 알파벳 3문자, 많은 것은 4문자나 들어가 있다. 이건 보통일이 아니다. 같은 자판을 재빠르게 3번, 4번씩 눌러서 문자 한 개를 구현한다. 쉽지도 않고 불편하기 짝이 없다. 자칫 잘못 다른 철자가 찍힐 확률도 한글자판보다 훨씬 높다. 영어가 이런 상황이니 일본어나 한자의 자판은 말할 것도 없다. 중국 대륙에서 쓰는 간자체 자판의 경우 너무 많은 한자를 구현해내는 게 보통일이 아니다. 오죽 하면 한자의 발음이 영어 알파벳으로 어떻게 발음되는지를 먼저 따져서 영어 알파벳을 친 다음 그 음과 같은 음가를 내는 한자를 쭉 띄운 뒤 거기서 맞는 한자를 하나 고를 지경이겠는가.

세종대왕은 알았을까? 당신과 학자들이 심혈을 기울여 만든 문자가 550년 뒤에는 세계에서 가장 뛰어난 문자로 평가받고, 세계의 젊은이들을 매료시킬 것이라는 것을. 세종대왕은 한글로 자신의 40대를 빛내고, 민족의 미래역사를 흔연히 빛내는 길을 열었다.

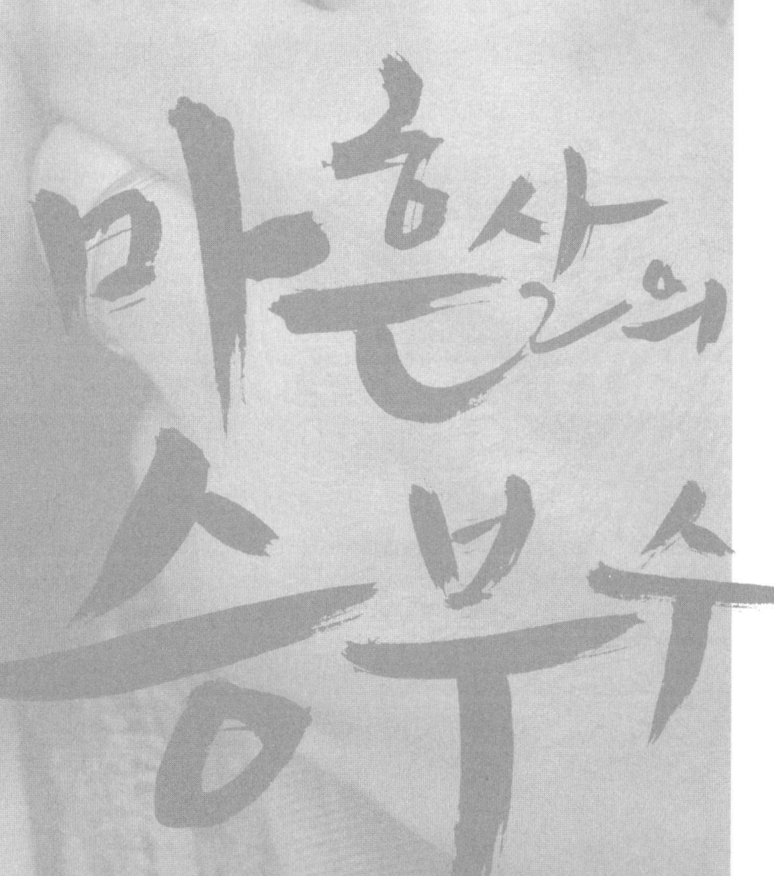

3

간절히 원하면, 분명 보인다

영업,
뚫으면 보인다

'국민은행'을 이끌던 김정태 전 행장은 인재 발굴의 귀재로 알려져 있다. 그가 발탁한 인재들 가운데는 '국민투신운용'의 백경호 사장, '미래에셋'의 박현주 사장, '광주은행'의 정태석 사장 등 기라성 같은 인물들이 많다. 그는 어떤 비법을 통해 이처럼 많은 인재들을 발굴해냈을까? 김 행장의 말을 들어보면 그가 생각하는 인재의 기준을 짐작할 수 있다.

"뭐 하나를 해보라고 주면 메모를 들고 뛰어와 '그건 이겁니다'라고 해야지요. 다 지나서 그래프까지 넣은 예쁜 보고서를 들고 와봤자 뭐하겠습니까? 중요한 건 속도와 결과지요."[20]

결국 결과를 낼 줄 아는 인재가 진짜 인재라는 이야기다. '꿩 잡는 게 매'란 이야기가 있다. 당면한 문제를 해결하는 탁월한 능력이 인재의 기준이라는 것이다.

승부의 세계에서 직면하는 가장 중요한 문제는 무얼까? 영업이다. 제아무리 그럴 듯한 목표와 의미를 담고 있더라도 결국 먹고사는 문제를 해결하지 못하면 아무 소용이 없기 때문이다. 그래서 영업력은 탁월한 마흔 살의 승부사를 가려내는 기준이 된다.

선물공세 → 신한생명 → 실내낚시터

주방용품을 취급하는 '키친나라'의 최세규(48) 사장. 그는 30 살 무렵 출근할 때마다 세 살배기 딸과 특이한 인사를 나누곤 했다. "아빠가 얼마 벌지?"라고 물으면 아이는 "억!"하고 우렁 차게 대답했다. 이런 출근 인사는 그가 아침마다 치르는 특별 한 의식이기도 했다.

"조만간 1억 원을 벌고, 그 다음에 10억 원을, 그리고 10년 안에 내 사옥을 짓겠다고 결심했습니다. 딸하고의 인사는 그런 결심을 다시 한 번 되새기는 자리였지요."

딸과 인사를 나눈 그는 남대문으로 향했다. 그곳에 일터가 있어서가 아니었다. 1989년 그가 세운 '동양산업체인'은 신당 동의 무너져가던 건물 지하에 세 들어 있었다. 그가 자신의 가 게 대신 남대문시장으로 출근하는 이유는 간단했다. '어느 물 건이 잘 팔리는지', '어떻게 팔리는지'를 자세히 관찰하기 위해 서였다. 남대문에는 미래의 사업을 위해 배워야 할 것들이 지 천으로 널려 있었다. 그가 발휘한 영업력의 기반은 대부분 이

때 쌓아졌다고 해도 과언이 아니다.

어느 정도 준비가 끝났다는 판단이 들자 그는 본격적으로 사업에 뛰어들었다. 그가 생각하는 사업은 주방용품을 가장 저렴한 가격으로 소비자에게 공급하는 것이었다. 그는 자신이 있었다. 오랜 동안 새벽 견학을 통해 어떻게 하면 유통을 단순화시켜 상품가격을 내릴 수 있는지 알고 있었기 때문이다. 하지만 그의 계획에는 한 가지 치명적인 약점이 있었다. 허름한 떡볶이집 지하에 세 들어 있는 가게로 물건을 사러 오려는 사람이 없다는 것이었다.

장사의 원리에 눈을 뜬 그가 그런 사실을 간파하지 못할 리 없었다. 그는 이미 대안을 마련해두고 있었다. 선물공세였다. 고객이 다른 고객을 데려올 때마다 다양한 선물을 제공하기로 했다. 1명일 경우는 우산, 2명은 찬합 세트, 5명은 청소기, 10명은 카메라 등. 그밖에도 푸짐한 '덤'을 얹어주는 방식으로 소비자의 마음을 사로잡았다. 그렇게 가게의 이미지를 바꾸는 데 성공했다. 손님들의 생각은 '누가 그런 가게에 가냐'는 것에서 '허름한 외양과 달리 한 아름 실속을 챙겨주는 가게'로 바뀌었다. 이제 '주방용품'하면 사람들은 최 사장의 가게를 떠올렸다.

물론 그가 물량공세만으로 소비자를 끌어들인 건 아니었다. 장사의 내실은 덤이 아니라 좋은 상품과 철저한 서비스로 이뤄진다는 사실을 그는 알고 있었다. 그래서 그는 최선을 다해 고객의 만족과 이익을 위한 경영을 펼쳤다.

"고객을 왕이 아닌 신으로 모셨습니다. 왕은 없을 때 욕이라도 할 수 있지만 신은 욕할 수 있는 대상이 아닙니다. 지금은 흔하지만 당시 이론조차 없었던 고객감동경영을 펼쳤다고 자부합니다. 이러한 경영전략은 이후 제가 펼치는 모든 사업에 적용됐습니다."

그는 대성공을 거뒀다. 끼니를 걸러도 배가 부르고, 밀려드는 손님들로 행복한 비명을 지르는 나날이었다. 하지만 이 방법에도 근본적인 한계는 있었다. 가게 이미지는 개선했지만 수익률이 낮았던 것이다. 싸게 팔고 덤 많이 주는 가게의 운명이었다. 가게가 문을 연 지 벌써 반년이 지나고 있었다. 최 사장은 가게의 수익구조를 개선할 또 다른 대안이 필요하다는 걸 깨달았다.

보통의 가게 주인이라면 어떻게 했을까? 선물 공세를 없애거나 상품 가격을 야금야금 원상복귀시키는 방법을 썼을지 모른다. 소비자들이 '돈 좀 모으더니 건방져졌네'라고 빈정거리는 바로 그 방법 말이다. 하지만 최 사장은 그러지 않았다. 그것으로는 소비자의 마음만 잃게 될 뿐이라는 걸 잘 알았다. 그래서 그는 다른 길을 찾았다. 오는 손님을 기다리는 게 아니라 없는 손님을 발굴하는 방법. 납품방식의 영업이 바로 그것이었다.

"당시 신설 생명보험회사인 신한생명을 찾아갔지요. 처음에는 아는 척도 안 하더군요. 다섯 번 정도 찾아갔나. 그제야 비로소 저를 찾더라고요."

그는 무리라는 걸 알면서도 7천 원짜리 물건을 5천 원에 납품한다는 파격적인 조건을 내걸었다. 첫 거래에서 실패하면 다시는 이 회사에 오지 못한다는 판단 때문이었다. 신한생명 측으로서야 물건 좋고 가격 저렴한 그의 제안을 거절할 이유가 없었다. 첫 거래가 성사됐다. 연이어 200명의 단골손님까지 덤으로 챙겼다. 고민하던 수익률이 크게 개선됐음은 물론이었다. 그의 순항은 다시 시작됐다. 하지만 곧 다음 단계의 벽이 눈앞에 다가왔다. 그의 방식을 흉내 내며 납품을 하려는 업자들이 들끓기 시작한 것이다.

애써 발굴한 시장을 경쟁자들에게 고스란히 내줘야 하는 건 사업가에게 굴욕적인 일이 틀림없다. 그래서 대부분의 사업가들이 어리석은 '치킨게임'에 돌입하게 되는지도 모른다. 전속력으로 마주 달리며 누가 먼저 핸들을 꺾게 되는지 내기를 하는 것이다. 상인들의 은어를 빌리자면 '감히 누가 내 나와바리를?'하는 자존심 때문이었다. 하지만 그는 아니었다. 보다 유연한 방식으로 문제에 대응해나갔다. 만일 선택 가능한 대안이 준비되어 있지 않았다면 그도 별 수 없이 '박 터지게' 싸우는 길을 택했을 것이다. 하지만 그는 미련 없이 납품 시장을 떠나 더 넓은 세상으로 나가는 길을 택했다.

그가 발견한 새로운 세상은 실내낚시터의 경품시장이었다. 금이나 현금만을 생각하던 낚시터를 설득해 TV, 밥솥, 카메라 등 다양한 품목을 경품으로 내걸게 한 것이다. 물론 최 사장의 아이디어는 폭발적인 인기를 끌었다. 그는 낚시터의 경품시장을 휩쓸었고, 그것으로 더 높은 성공의 탑을 쌓을 수 있었다. 아집을 버리자 시장이 더 넓은 틈을 보여준 것이다. 그는 같은 원리를 적용해 볼링장, 등산회 등 다양한 곳의 경품 시장마저 휩쓸어버렸다. 1992년이 되자 그의 사업은 웬만한 외풍에는 끄덕도 하지 않을 만큼 탄탄한 기반 위에 올라섰다.

이 단계에 이르러 최 사장의 영업 능력은 다시 한 번 빛을 발했다. 장사가 어느 정도 기반 위에 올라서자 다음 번 고지가 눈에 띈 것이다. 이제 판매가 아니라 공급을 거머쥐는 싸움이 필요했다. 지금까지는 물건을 많이 파는 '양의 싸움'이었다면 이제 질 좋고 저렴한 제품의 안정적인 공급처를 확보해 벌이는 '질의 싸움'이 될 거라는 점을 간파한 것이다.

그는 전국 도매상 명단과 연락처를 입수하기 위해 분주하게 뛰었다. 알고 있는 도매상을 직접 찾아가기도 하고, 팜플렛을 발송해 가게를 알리기도 했다. 그러나 그런 방식에는 한계가 있었다. 너무나 많은 도매상이 산재해 있었던 것이다. 그는 물건을 부쳐주는 화물업체 직원들을 집중공략하기로 했다. 도소매상을 연결하는 중간고리 역할을 하는 그들이야말로 필요한 모든 정보를 가지고 있었기 때문이다. 결국 최 사장은 당시로서는 누구도 생각하지 못하던 정보전에서마저 승자가 됐다. 주먹구구식으로 운영되던 일개 도매상의 한계를 일거에 뛰어넘어버린 것이다. 1996년, 마침내 그는 약속을 지켰다. 서울시 동대문구 용두동에 있는 120평짜리 4층 건물을 사들였던 것이다. 1억, 10억이 아니라 사옥을 짓겠다는 약속마저 7년 만에 조기 완수해버린 것이었다.[21]

사랑하는 딸과의 약속을 지킬 수 있었던 요인은 여러 가지다. 제품에 대한 탁월한 식별력과 유통구조의 맹점을 파고든 혜안, 그리고 불철주야 목표를 향해 돌진했던 저돌성과 추진력. 이 모든 요소들이 한데 어우러져 그가 가진 뛰어난 영업력의 바탕을 이뤘다. 자갈밭을 통과하는 미꾸라지처럼 승부의 세계를 자유자재로 노닐 수 있었던 비결은 바로 그것이었다.

우리의 승부는 결국은 벤처다. 벤처의 세계에서 가장 중요한 건 생존력이고, 그것을 가능하게 해주는 건 바로 영업이다. 영업에서 승리하는 자는 늘 다양한 카드 패를 손에 쥐고 있다. 현실적인 대안을 풍부하게 손에 쥐고서 문제를 돌파한다. 최재규 사장은 승부사들이 간직해야 할 영업력의 중요성과 비결을 잘 보여주고 있다.

변화하라

'강한 자가 살아남는 것이 아니라 변화에 능한 자가 살아남는다.'

다윈의 '진화론'을 한마디로 압축하면 그렇다. 세상에 어제와 똑같은 것은 아무것도 없고, 얼마나 그것에 나를 맞추어갈 수 있느냐가 생존 혹은 죽음의 경계가 된다는 말이다. 자연계뿐 아니라 경영이든 승부의 세계든 이 법칙을 피해갈 수 있는 것은 아무것도 없다.

예컨대 '포드자동차'의 T형 모델이라는 자동차가 그렇다. 포드자동차는 대량생산에 방해가 된다는 이유로 오직 한 가지 모델만을 생산했다. 하지만 소비자들의 기호는 자동차의 기능만이 아니라 다양한 디자인과 사양을 중시하는 단계로 나아가고 있었다. 이런 변화에 민감하게 대응하지 못한 결과 포드자동차는 T형 모델과 함께 제왕의 지위에서 내려와야 했다. 세상의 변화가 던진 물음에 답을 줄 능력이 부족했던 것이다.

승부의 세계도 마찬가지다. 문제를 해결할 줄 모르는 사람들은 변화에 미숙하다. 외눈박이물고기처럼 세상의 한 측면만을 보고 그에 따른 행동만을 고집한다. 조금만 더 세상의 다양함에 눈을 돌리면, 아주 작은 변화로부터 전혀 다른 해결방식이 태어날 수도 있다는 걸 깨닫지 못하는 것이다. 결국 자기가 붙들고 있는 다리 한쪽이 코끼리의 전부가 아님을 깨닫는 데서 변화는 시작되기 마련이다.

작은 변화 하나가 당신의 성패를 가른다

외식프랜차이즈 '신손불돈' 신월점을 운영하는 주애정(45) 사장. 그도 값비싼 대가를 치르고 난 뒤에야 변화의 중요성을 깨달았다.

무역회사를 퇴직한 주 사장이 프랜차이즈로 운영되던 생고기 전문점을 차린 건 지난 2003년이었다. 생고기는 양념을 따로 할 필요가 없어서 초보자도 쉽게 도전할 수 있다는 이야기에 솔깃해서였다. 그 말을 철석같이 믿고 서울 신월동에 가게 문을 열었다. 신월동 지역은 가족 단위 고객이 많은 곳이었다. 생고기보다는 양념갈비 등 다양한 메뉴가 필수였다. 그 사실을 알 리 없던 주 사장은 '하필이면' 시작부터 벼랑 끝에 발을 디뎠다.

매상은 그가 보기에도 한심한 수준을 달렸다. 초장이 벌써 파장 분위기였다. 주 사장은 한숨지었다. 부푼 꿈을 안고 시작한 창업. 완전히 터를 잘못 골랐고, 심각하게 업종 변경을 고민해봐야 할 판이었다. 하지만 쉽지 않았다. 시작한 지 몇 달이나 됐다고 벌써 '나 실패했소'라고 손을 든단 말인가. 어떤 일이 있더라도 진득하게 어려움을 돌파하리라 결심한 참이었다. 번민을 계속하는 동안 오기도 발동했다.

"'보란 듯 일어서 순진한 창업자를 속여먹은 본사에 본때를 보여주자'란 오기였지요. 이렇게 고생하다보면 언젠가 좋은 날이 올 거라는 생각도 했어요, 한마디로 꿋꿋하게 버텨보자는 생각이었습니다."

그러나 오기로 버텨서 해결될 문제가 아니었다. 누구의 눈에도 빠른 변화가 절실했다. 하지만 주 사장은 여전히 변화를 망설였다. 그처럼 큰 변화를 감당할 자신이 없어서였다.

"무엇보다 프랜차이즈 창업에 대한 신뢰가 무너진 게 큰 이유였지요. 가맹비 등 추가로 들어가야 할 투자비용도 만만치 않으리라 생각했구요."

가만히 있으면 중간이라도 간다는 얘기가 있듯, 섣불리 나섰다가 본전까지 날리지 않을까 두려움이 앞섰다. 어떻게든 현상 유지를 통해 발전을 모색해보자는 생각이었다. 문제는 그렇게 유지할 현상 자체가 너무 암담하다는 것이었다.

변화할 것이냐 말 것이냐를 고민하는 데만 무려 1년의 시간이 걸렸다. 그러는 사이 식당은 더욱 끝자락으로 몰려갔다. 더 이상은 견딜 수 없었다. 그제야 주 사장은 미루고 미루던 변화를 시작했다. 과감하게 식당의 실패를 선언하고 새로운 프랜차이즈회사와 계약을 맺기로 한 것이다. 찬찬히 찾아보자 적당한 프랜차이즈 아이템도 발견됐다. 돼지갈비와 그 밖의 다양한 고기 메뉴를 강점으로 하는 신손불돈이었다. 신손불돈의 메뉴와 영업 방식이 그가 깨달은 신월동 지역의 특색과 잘 떨어지리라는 생각이 들었다. 생고기 전문점을 작파하고 신손불돈 신월동점으로 제2창업을 선언한 건 2004년 5월이었다. 너무도 진을 뺀 끝에 내려진 결정이었다.

일단 변화를 시도하자 결과는 놀라웠다. '생고기가 당긴다'는 '특별한' 생각 아니면 가게를 찾지 않던 손님들. 그들이 특별한 일이 있지 않는 한 그의 가게를 찾아왔다. 한국 사람이 좋아하는 매콤한 음식을 기본으로 하는데다가 입맛에 맞는 메뉴를 찾기 위해 이 가게, 저 가게 찾아다닐 필요가 없었기 때문이다. 파리 날리던 매장은 손님들로 북적대기 시작했다. 40대 이상의 손님이 대부분이었던 가게에 아이의 손을 잡은 30대 부부가 찾아오고, 오붓한 술자리를 찾는 20대까지 밀려들었다. 적막하던 가게에 활기가 흐르기 시작했다.

주 사장이 그런 결과보다 놀란 건 따로 있었다. 바로 변화의 위력이었다. 그토록 두려워하던 변화가 실은 거창하지도, 손에 대기 힘든 것도 아니었다는 걸 깨닫게 된 것이다.

"뜻밖이었어요. 걱정하던 추가비용도 간판교체에 들인 7백만 원이 고작이었지요. 비슷한 업종이었기 때문에 추가로 부담해야 할 액수가 크지 않았던 거예요."

결국 변화를 위해 지출된 대가는 고작 7백만 원이었다. 단순화시켜서 생각해보자면 7백만 원의 돈과 1년 이상의 시간, 피 말리는 번뇌를 맞바꿨던 셈이다. 커다란 낭비였다.

요즘 주 사장의 가게는 월수익 4,000만 원 이상을 올리고 있다. 주변 일대의 손님들을 싹쓸이해 경쟁점포의 주인들로부터 '정말 이러기냐'는 항의(?)까지 받고 있을 정도다. 다윈의 말에 따르면 주 사장은 '환경적응설'에 의해 진즉 퇴출됐어야 할 사람이었다. '쪽박집'이 '대박집'으로 변신한 비결. 그것은 바로 변화였다. 1년이라는 시간은 그 비결을 가르쳐준 값비싼 수업료였던 셈이다.[22]

성공한 이들은 변화의 힘과 관련하여 이렇게 말한다.

'안 될 일은 하지 마라. 그러나 운 나쁘게 손을 댔다고 해서 절망할 필요는 없다. 하루빨리 변화를 시도하면 헤쳐나갈 길이 보이기 때문이다. 최악의 경우라도 변화는 상처 없이 퇴각하는 방법을 가르쳐준다.'

우직함과 고지식함이 능사가 아니라는 얘기다. 그것이 승부의 진화에 가장 큰 걸림돌이 된다는 것이다. 그래서 성공한 이들은 문제를 능수능란하게 해결할 줄 알고, 늘 변화에 능하다. 브루스로 댕기다가 탱고로 돌리고 지르박으로 흥을 돋운 뒤 디스코로 나아갈 줄 안다는 것이다. 이와 같은 탄력적인 변화는 무엇보다 두려움이 없기에 가능하다. 두려움이야말로 승부의 진화를 막는 최대의 적이라는 사실을 성공한 이들은 지적해주고 있다.

빠르면
빠를수록 좋다

　'시간은 금이다', '시간은 신이 모두에게 나눠준 공평한 자산이다' 등 시간의 중요성에 관한 격언, 금언은 너무나 많다. 그러나 정작 시간의 값어치를 뼈저리게 느끼며 살아가는 건 쉽지 않다. 예를 들어 1초라는 시간 값은 우리의 승부에서 어떤 가치를 지니고 있을까? 그걸 알아내기란 여간 어려운 일이 아니다. 여기 1초의 가치를 잘 드러내주는 중요한 보고서가 있다.

　1815년 6월 18일. 엘바 섬을 탈출한 나폴레옹에게 운명의 아침이 밝았다. 웰링턴 장군이 이끄는 영국군과 워털루에서 숙명의 결전을 벌이게 되었기 때문이다. 나폴레옹은 전투를 앞두고 자신의 군대를 둘로 나누었다. 자신은 2/3 가량의 본진을 이끌고 워털루로 진격했다. 나머지 1/3은 부하인 그루쉬 장군에게

맡겼다. 반나폴레옹 연합군을 형성하고 있는 프로이센의 군대를 찾아내 격파하라는 임무와 함께였다.

마침내 전투가 시작됐다. 전장은 곧 시뻘건 피로 물들기 시작했다. 순식간에 1만여 명에 이르는 전사자들이 생겼다. 그러나 양측의 공방전은 더욱 치열해질 뿐이었다. 시간이 흐를수록 나폴레옹과 웰링턴에게는 응원군의 도움이 절실히 필요해졌다. 나폴레옹에게는 그루쉬가, 웰링턴에게는 블뤼허 장군이 이끄는 프로이센 군대가.

나폴레옹이 타는 갈증으로 응원군의 도착만을 학수고대하던 시각. 그루쉬는 무엇을 하고 있었을까? 그의 군대는 프로이센 군대를 찾아내기 위해 은밀히 이동하고 있었다. 하지만 프로이센 군대는 옷깃조차 보이지 않았다. 그루쉬는 소득 없는 추격전을 당장 그만두고 황급히 전선으로 되돌아가야 했다. 세 시간 거리에 있는 워털루에서 첫 번째 포성이 들려오자마자 부사령관 제라드 장군도 이미 그 점을 지적하고 나선 터였다.

"대포소리를 향해 진군해야 합니다."

하지만 고지식한 그루쉬는 결단을 내릴 수 없었다. 주군의 명령과 새로운 상황 전개 앞에서 갈피를 잡을 수 없었던 것이다. 지휘관으로서의 능력보다는 20년간 나폴레옹을 충실히 모신 덕에 장군이 된 그루쉬, 그의 한계였다. 포성이 난무할수록 제라르 장군을 비롯한 부하들의 요구도 점점 거세져갔다. 그루쉬는 생각에 잠겼다. 눈 깜짝할 새가 흘렀다. 그루쉬는 단호하게 선언했다.

"안 된다. 이 작은 부대를 다시 나누는 것은 무모하다. 나는 내가 받은 명령에 충실해야 한다."

결정을 내리는 데 걸린 시간 1초. 그것이 나폴레옹과 그 자신, 프랑스군대의 운명을 결정지었다. 아니 프랑스제국과 19세기 유럽 역사의 판도가 송두리째 달라져버렸던 것이다. 그것이 오스트리아의 작가 츠바이크가 『광기와 우연의 역사』에서 묘사한 세상의 운명을 바꾼 '1초의 가치'였다.

빨리 출발한 마티즈는 포르쉐도 못 당한다

승부의 과정 속에서는 늘 결단의 순간이 찾아온다. 모든 지략을 다해 가장 올바른 행동방침을 결정해야 함은 물론이다. 하지만 오랜 시간 생각을 거듭한다고 반드시 묘수가 탄생하는 건 아니다. '장고 끝에 악수 둔다'는 말이 있다. 때로는 동물적인 감각과 스피디한 결정이 심사숙고의 위력을 넘어서기도 한다. 피 같은 시간의 낭비를 막아주는 건 물론 본능에 의지한 결정이 이성의 한계를 메워준다는 것이다. 미국의 자동차 메이커 'GM'의 몰락과 위기탈출은 그 사실을 잘 보여준다.

알다시피 GM은 한때 세계 승용차 시장의 판매량 1위를 달리던 초대형 업체였다. 하지만 그 아성은 일본 자동차업체의 집요한 도전으로 조금씩 허물어지기 시작했다. 오일쇼크가 닥치자 소비자들은 기름을 많이 먹는 GM의 자동차들을 외면했고, GM의 딜러들은 악전고투를 거듭했다. 1980년에는 무려 60년 만에 처음으로 적자를 냈다. 1992년에는 235억 달러라는 기록적인 손실액이 기록됐다. 공룡기업 GM에게 믿기지 않는 파산의 위기가 닥쳐온 것이다.

GM 이사회는 서둘러 회의를 소집했다. 그 때까지 회사를 이끌던 CEO를 해임하고 존 스미스라는 인물을 새로운 경영자로 영입한다는 결정이 내려졌다. 그러나 그것만으로 회사가 회생하리라 낙관하는 이사들은 없었다. 수백만 대의 차량을 생산하고, 수만 명의 직원을 거느리며, 수백억 달러 규모의 적자를 내고 있는 초대형 기업. 위기 역시 거대하며 근본적일 수밖에 없었다. 문제의 원인을 뿌리째 밝히고, 위기극복 시스템을 만드는 데만도 몇 년의 세월이 걸릴 판이었다.

하지만 새로운 CEO 존 스미스는 몇 년 동안 지지부진하게 개혁을 밀어붙일 마음이 전혀 없었다. 필요한 건 지금 당장 무언가를 결정하고 행동으로 옮기는 일이었다. 그는 모두의 예상을 깨고 단 12시간 만에 개혁에 필요한 핵심결정을 내려버렸다. 우선 각 부분별로 전문성을 갖춘 임원 14명을 발탁하여 전략이사회를 구성했다. GM의 최대 약점이 복잡한 운영시스템이라는 판단을 내리자 단숨에 구매부서를 27개로 통합시켰다.

지지부진한 생산시스템을 뜯어고치기 위해 생산라인도 12개에서 5개로 줄여버렸다. 판매부문 역시 마찬가지였다. 고객의 상태를 정확히 파악하고 소득 수준, 나이, 운전습관 등에 따라 26개로 범주로 세분화시켰다. 그런 한편 그들의 기호에 맞게 디자인을 맞춤형으로 재편했다. 새로 디자인된 차들은 간소해진 생산 시스템에 따라 엄청난 속도로 만들어졌다.

이처럼 엄청나게 스피디한 개혁작업을 통해 GM은 서서히 회생의 기회를 잡았다. 고작 1년이 흐른 1993년, GM은 25억 달러의 흑자를 기록했다. 200억 달러가 넘는 전년도의 적자에 비하면 '새 발의 피'에 불과했다. 하지만 그것은 스미스의 처방이 효력을 발휘하고 있다는 명백한 신호였다. 그리고 그 파란 신호등은 오랫동안 꺼지지 않았다. 1997년도에는 흑자액이 67억 달러를 기록하면서 GM의 회생은 분명한 사실이 되었다. 파산이 불가피해 보이던 GM이 새로운 도약의 발판 위에 서게 된 것이다.

'12시간 만에 거대기업의 개혁 발판이 완성되다!'

세계의 언론과 경제인들은 스미스의 개혁에 찬사를 보냈다. '스미스의 신화'가 탄생한 순간이었다.

거대기업의 운명을 바꿀 결정도 고작 12시간 안에 내려지는 게 냉혹한 비즈니스 세계다. 우리의 결정은 어떤가? 그처럼 과감하고, 그처럼 결정적이고, 그처럼 빠를 수 있는가? 그렇지 않다면 우리의 1초는 얼마의 가치 속에 흘러가고 있는 것일까?

'위즈피아'의 임근우 사장은 이렇게 말한다.

"포르쉐를 타고 아무리 달려도 먼저 출발한 마티즈를 따라잡지 못합니다. 뜻하는 바가 있을 때 당장 하는 것이 좋습니다."[23]

한 끗 차이가 승부를 결정한다. 결심했다면 남보다 먼저 움직여야 한다. 아직도 주저하고 있다면 스스로 이렇게 물어봐야 한다.

'이렇게 미적거리면 더 나아질 무언가가 있는가?'

없다면 결단은 그때 내려져야 한다.

주변에 널린 아이템,
그것을 잡아라

학창시절 배웠던 가장 기억에 남는 시를 꼽아보라면 많은 이들이 선택하는 작품이 있다. '내가 그의 이름을 불러주었을 때 그는 나에게로 와 꽃이 되었다'는 구절로 시작되는 김춘수 시인의 「꽃」이다. 세상에 널린 수많은 사물들, 이름조차 기억 못 할 그것들에 의미를 부여하는 건 바로 나의 선택이다. 연애를 생각하면 쉽다. 아무리 마음을 끓여봤자 소용이 없다. 꼭 집어 '바로 당신이야'라고 했을 때 연애가 시작되든 스토킹이 시작되든 하지 않겠는가.

우리가 고민하는 승부의 아이템도 마찬가지다. 내가 이름을 붙여줘야 그것은 '꽃'이 된다. 그것들은 꼭 집어 선택하기 전에

는 엄청난 가치를 드러내지도, 우리를 위해 봉사해주지도 않는
다. 문제는 그것이 너무나 지천에 널려 있는데 우리가 보지 못
한다는 사실에 있다.

남들 미안할 정도로 성공한 에누리닷컴의 성공비결

서홍철(47) 사장이 불러낸 꽃은 바로 쇼핑이었다. 인터넷쇼
핑, 그것도 쇼핑의 핵심이라 할 '가격비교'를 승부의 아이템으
로 삼았다. 그의 아이디어는 당연히 실생활 속으로부터 나왔다.

"쇼핑을 좋아하는 아내를 따라다니다 쇼핑광이 됐습니다. 당
시 이곳저곳 할인점들을 돌아다니다보니 같은 품목인데도 가
격 차이가 큰 제품이 많았습니다."

그것이 그의 호기심을 일깨웠다. 왜 같은 제품인데도 가게마
다 다른 가격이 매겨져 있는지, 어딜 가면 제품을 더 싸게 살 수
있는지 일일이 발품을 팔며 확인해나가다가 서 사장은 그만 지
쳐버리고 말았다. 물건 값 몇 푼 아끼기 위해 버린 시간이 훨씬
많았던 것이다. 배보다 배꼽이 더 큰 경우였다. 그러나 이때의
경험을 통해 서 사장의 마음속에 숨어 있던 사업가 기질에 불
꽃이 튀었다. 저마다 다른 판매가격을 데이터베이스화해 온라
인상에서 사업화한다면 충분히 장래성이 있다는 판단이 들었
던 것이다. 다행히 주변여건도 좋았다. 불황기라는 특성이 가
격에 대한 소비자의 심리를 예민하게 바꾸어놓던 시기였다.

원래 서홍철 사장은 한양대 물리학과를 나온 뒤 'LG반도체' 에서 10여 년간 일한 베테랑 사원이었다. 하지만 그는 38살에 좋은 직장을 그만두고 다가구주택 반지하에서 직원 1명과 함께 사업을 시작했다. 가격비교사이트 '에누리닷컴'의 시작이었다.

"남들에게 미안할 정도로 불황을 전혀 느끼지 못했습니다."

지금은 80여 명의 직원과 홍대 앞 빌딩 2개 층을 사용할 정도로 사세를 확장한 에누리닷컴. 서홍철 사장의 성공은 이처럼 아주 가깝고 익숙한 것 속에서 아이템을 발견해내는 방식으로 이루어졌다.[24]

수건과 은행을 융합하다

엄청나게 신선하고, 거창한 무언가를 찾아내 모두를 놀라게 하고 싶은 욕망. 인생의 전환점을 맞이하는 사람이라면 누구나 마찬가지다. 의욕도 넘치고 모든 걸 송두리째 바꿔버리고 싶은 욕심도 생긴다. 하지만 우리 주변에서 많은 부를 쌓고 성공을 이룬 사람들은 대부분 그렇지 않다. 서홍철 사장처럼 별 것 아 닌 것을 발견해 솜씨 있게 다루는 방식으로 성공을 이루는 이 들이 많지 않은 것이다. 그런데 이상한 것은 그런 방식이 오히 려 더욱 신선하게 느껴진다는 점이다. 소비자의 마음을 사로잡 는 데도 효과적이다. 그래서 사람들이 '이런 것으로도 돈을 벌 수 있다니!'라고 허탈해 한다면 틀림없이 제대로 된 승부의 길을 걸은 것이다.

우리 주변에는 없어서는 안 되지만 그렇다고 눈여겨보지도 않는 물건들이 여럿 있다. 수건도 그중 하나다. 박중규(47) 씨는 아무렇게나 빨래 통에 처박히고 헤지면 걸레가 되기 일쑤인 수건을 승부 아이템으로 삼았다.

공무원으로 일하던 그는 답답함을 못 이겨 직장을 그만두고 레스토랑을 창업했던 적이 있다. 물론 외환위기가 그의 레스토랑을 앗아가버렸다. 첫 번째 창업에 실패한 뒤 그는 새로운 사업을 찾다가 수건의 가치를 재발견했다. 물론 주변에서는 그의 선택에 대해 코웃음 쳤다.

"수건장사? 그 흔한 수건으로 밥벌이가 되나?"

그래도 그는 4천만 원의 돈을 투자해 수건 도매점을 열었다. 익숙하고 하찮아 보이는 것에 대한 그 나름의 독특한 시각 때문이었다.

"주변의 걱정은 당연했죠. 수건은 정말 흔한 품목 아닙니까. 하지만 어떤 수건을 어떻게 파느냐가 더 중요합니다. 항상 수요가 있는 수건시장인 만큼 제대로 된 물건을 갖고 효과적으로 팔면 실패할 리 없다고 생각했습니다."

우리는 '흔히' 밥을 먹고, '흔히' 화장실에 간다. '흔하다'는 건 그처럼 실생활에 너무나 밀착해 있어서 오히려 가치를 인정받지 못하는 것일 뿐이다. 박 사장의 독특한 발상법에 따르면 그렇기 때문에 언제나 수요가 보장된 것이기도 했다.

그는 주저 없이 '어떤'과 '어떻게'라는 문제에 골몰해나갔다. 다행히 흡수력이 일반 수건의 5배에 이르는 초극세사 수건이 인기를 끌고 있었다. 그는 그것을 승부의 아이템으로 정하고 마케팅 문제에 집중했다. A4용지 하나 가득 하루의 스케줄을 짜놓고 판촉물 수요가 많은 은행권을 집중 공략해나갔다. 웰빙 바람으로 운동하는 사람들이 크게 는 것도 많은 도움을 주었다. 그 결과 그는 연매출 4억 원에 이르는 알짜배기 점포의 주인이 되었다.

그는 승부수로 삼고자 하는 아이템에 관한 자신의 생각을 이렇게 정리한다.

"창업 아이템은 가까운 곳에서 찾아야 한다는 것이 저의 지론입니다. 가장 친숙한 곳에 정답이 있습니다."25)

아무 곳에나 굴러다니는 돌멩이도 손에 익으면 상대를 제압하는 무서운 무기가 된다. 반대로 아무리 새롭고 날카로운 무기도 처음 써보는 사람에게는 단순한 쇠붙이 이상이 될 수 없는 경우가 많다. 라면업계 부동의 1위 '신라면'을 제쳤다고 해서 화제가 됐던 '틈새라면' 김복현(45) 사장 역시 이렇게 얘기한다.

"장사를 시작하려는 사람은 누구나 무형의 자산을 갖고 있습니다. 부모, 아내, 친구들 중에서 집집마다 칼국수든, 김치든 잘 하는 음식이 있기 때문입니다. 거기서 아이템을 찾아내면 됩니다."[26]

우리의 주변에는 불러주기만을 기다리는 승부의 아이템들이 있다. 그것을 선택해 제대로 가치를 부여하는 일은 성공하는 이들의 몫이다. 창업시장도 물론이지만 직장 안이든, 또 다른 어떤 곳이든, 승부수를 띄우려는 곳이라면 다 마찬가지 아닐까.

파괴력 있는 무언가를 찾겠다는 강박관념을 버리면 익숙한 것 안에서 강력한 기회가 보인다. '익숙한 것을 재발견하라.' 그것이 성공한 이들이 가르쳐주는 아이템 선정의 비결이다.

성공의
세포분열법

신철호(50) 씨는 고급 열쇠기술자다. 30년 이상 이 분야에서 기술을 갈고 닦았다. 특히 외제차와 외제 고급 잠금장치 분야에서 베테랑이다. 이태원을 중심으로 외국대사관이나 미군부대 같은 데 일을 많이 해주는 바람에 그쪽 단골손님이 많다. 한마디로 그의 열쇠가게는 '잘 되는 가게'로 근동에 소문이 났다.

있는 가게만 잘 운영해도 먹고사는 데는 큰 지장이 없던 신철호 씨. 그러나 그는 40대를 넘어서면서 자신의 성공을 더욱 크게 만드는 데 관심을 갖게 됐다. 더 늦기 전에 그것을 위해 승부를 걸어보고 싶은 욕망이 인 것이다.

"가게 운영이 잘 되던 그 때야말로 승부를 걸 적기라고 생각했어요. 안 그랬다면 부담감 때문에 새로운 도전은 꿈도 꾸지 못했을 겁니다. 오랫동안 외국인을 고객으로 두면서 영어회화, 열쇠에 관한 외국서적 등에 눈을 뜨게 된 것도 도전욕구를 키우는 데 도움이 됐지요."

그가 노린 분야는 외국에서나 사용하는 첨단열쇠장비의 개발이었다. 그것을 국산화하면 국내시장에서도 꽤 팔 수 있을 뿐만 아니라 수출까지 가능하리라고 판단했다. 그는 뜻이 맞는 업계의 동료 한 명과 함께 동업을 하기로 했다. 그들은 장비를 개발할 사람을 수소문했다. 다행히 기술경연대회에서 여러 차례 상을 받은 발명가를 찾아낼 수 있었다. 두 사람은 삼척까지 찾아가 그를 설득하는 데 성공했다. 세 사람은 팀을 이뤄 개발작업에 착수했다. 그가 개발자금을 대고 동료가 개발에 대한 조언과 마케팅을 책임졌다. 발명가는 개발의 총책임자를 맡았다. 나중에 성공하면 비용을 제외하고 이익금을 나눈다는 내용의 합의도 이루어졌다. 환상의 팀워크가 이뤄진 것이었다.

개발작업은 순조롭게 진행됐다. 몇 차례 시행착오가 있었지만 결국 자물쇠용 정밀침투경을 개발해내는 데 성공했다. 좁은 자물쇠 구멍으로 가는 굴곡의 현미경 같은 것을 집어넣어 내부를 자세하게 볼 수 있는 제품이었다. 이전에는 그런 장비가 없어서 그야말로 손의 감각에만 의존해야 했다. 아주 드물게 외국제 굴곡용 침투경을 사용하는 사람도 있었지만 가격이 너무 셌다. 그들은 그 틈을 노리고 들어가 성공의 기회를 현실화했다.

"국내에서는 이미 알 만한 전문가들 사이에서 인기를 끌고 있는 중이죠. 지금은 개발자금을 회수하고 본격적인 수익까지 바라보는 단계입니다. 수출도 마찬가지입니다. 기술력과 가격 경쟁력을 바탕으로 해외 시장에서도 인지도를 높이고 있는 중이니까요. 조만간 바이어들의 주문이 쏟아져 들어올 것을 기대하고 있습니다."

성공의 파이를 키우겠다는 그의 전략은 그렇듯 착착 들어맞고 있다. 새로운 사업이 안정세에 접어들고 있음은 물론 본래의 사업인 이태원 열쇠점도 여전히 성업 중이기 때문이다. 새로운 사업에 뛰어들며 집토끼마저 놓친다는 소리를 듣기 싫어 그는 더욱 부지런히 점포를 운영했다. 그 결과 두 마리 토끼를 잡는 일에 성공했다. 정상에서 던진 눈뭉치가 아래로 구르며 눈덩이처럼 자라듯 그의 성공도 급격히 확대되고 있는 것이다.

마르지 않은 샘이 없다면 문어발 확장일 뿐

확대되지 않는 자본은 더 이상 자본이 아니라는 말이 있다. 성공도 확대를 지향하지 않으면 성공이라고 불릴 수 없다. 성공은 자전거 바퀴와 같아서 추진력 없이는 서 있을 수도, 앞으로 나갈 수도 없다는 말이다.

우리가 노리는 성공의 확대는 과거 대기업들이 보여주었던 문어발 확장과는 다르다. 세계를 공략한다고 호언장담했지만

결국 어느 것 하나 성공의 기반에 올려놓지 못했던 방만함. 그
것이 IMF라는 외풍을 맞아 변변한 방어막 하나 없이 모든 걸
휩쓸려가게 한 이유였다.

신철호 씨는 그와 반대다. 전문분야를 바탕으로 성공의 기반
을 쌓고, 그것을 발판으로 연관 분야에서 새로운 성공의 기회
를 노리고 있기 때문이다. 그가 추구하는 방식이야말로 문어발
확장과는 다른 40대 승부사들의 전형적인 성공 확대 방식이다.

'봉우리식품' 이하연(47) 사장. 그녀도 성공을 확대해나가는
방식을 잘 보여준다. 한때 이 사장은 장호원역 앞에서 단돈 8만
원을 쥔 채 만두노점을 차린 일이 있다. 그러나 극심한 단속 탓
에 장사를 할 수 없었다. 할 수 없이 이 사장은 서울로 올라가기
로 했다. 더 큰 물에서 마음껏 성공의 기회를 노려보겠다는 이
유에서였다.

그녀는 악착같이 일하며 돈을 모았다. 그런 노력을 바탕으로
대림동 공장지대에 자그마한 식당을 열 수 있었다. 야무진 손
매와 뛰어난 장사 수완을 지닌 그녀는 식당을 운영하며 많은
돈을 벌었다. 그것을 바탕으로 점차 서울 요지의 상권으로 진
입해 들어갔다. 성신여대 앞에 호프집을 열었다가 이후 38살
되던 해는 서울 강남에까지 진출했던 것이다. 단독주택을 리모
델링한 한정식집 '봉우리'는 그렇게 문을 열었다.

봉우리는 성공가도를 달렸다. 20년간 식당업에 매진했던 이 사장의 음식 맛은 이미 '동종업계 최고'라는 평가를 받아온 터였다. 음식 맛뿐만이 아니었다. '내가 불편해야 손님과 종업원이 편하다'는 지론을 치열하게 실천한 결과 고객서비스와 직원 관리에 모두 성공할 수 있었다. 봉우리가 별관까지 거느린 대규모 식당으로 자리를 잡은 건 결코 우연이 아니었다. 하지만 이 사장의 도전욕은 거기서 그치지 않았다.

"봉우리가 자리 잡고 돈까지 벌자 정작 불안하고 사는 맛이 안 났어요. 온몸을 불살라 도전할 무언가를 찾지 않으면 몸과 마음이 다 병들 것 같았지요."

연관 분야에서 새로운 도전의 기회를 찾아낸 것은 바로 그 때문이었다. 더 큰 성공을 위해 다시 한 번 도전욕구에 불을 지폈던 것이다.

식당을 이용해본 사람이라면 누구나 알고 있는 사실이 있다. 김치를 비롯한 맛깔스런 반찬만으로도 얼마든지 고객의 마음을 사로잡을 수 있다는 것을 말이다. 이미 손님들이 엄지손가락을 치켜세우던 봉우리의 밑반찬들. 이 사장은 그중에서도 김치를 특화시켜 강력한 사업기회로 삼았다.

"한정식도 패러다임 변화를 피할 수 없죠. 그래서 생각해낸 게 김치였어요. 40대 이상은 성가셔서 안 하고 30대는 몰라서 김장을 안 담그죠. 이 틈새를 사업으로 연결시켰죠."

봉우리김치의 탄생비화인 셈이다. 이 사장은 '김치와 바람난 여자'라는 말을 들을 정도로 이 사업에 심혈을 기울였다. 그 결과 봉우리김치는 '명품김치'라는 호평 속에 국내 시장을 점령하고 이제 아시아 지역의 고급 백화점까지 겨냥하게 됐다. 이 사장이 바라던 성공의 확대가 이뤄진 것이었다.

그러나 이 사장의 발걸음은 여기서도 멈추지 않았다. 이번에는 '작은봉우리'라는 김치전문점을 구상했던 것이다. 경기도 덕소에 김치 농장을 만들어 일반소비자를 겨냥한 중저가 메뉴를 생산한다는 계획이었다. 그녀는 이 전문점을 프랜차이즈사업으로 연결시켜 더 큰 성공의 기반으로 확대시키고자 한다. 하나의 작은 점이 면으로 자라고, 그 면이 분할하여 세포처럼 무수히 증식되는 모습을 상상하면 쉽다. 이 사장의 성공도 전형적인 40대의 성공 확대 방식을 따르고 있었던 것이다.[27]

'무엇이든 처음이 어렵지 나중은 그렇지 않다'는 말이 있다. 승부 속에서도 한번 성공을 거둔 뒤에 또 다른 성공을 이뤄내기는 그리 어려운 일이 아니다. 물론 성공한 이들의 경험을 통해 중요한 전제조건 하나를 확인할 수 있다. '확립이냐, 미확립이냐'를 두고 나라 전체를 술렁이게 했던 줄기세포 사건처럼 성공의 증식도 어디로든 뻗어나갈 마르지 않는 '샘' 하나를 단단하게 마련해두어야 한다는 것이다.

영업직이야 말로
요직이다

연간 5백억 원대의 매출을 올리며 화장품 업계에 돌풍을 몰고 왔던 '코스맥스' 이경수(61) 사장. 모르는 사람들은 그를 별다른 어려움 없이 최고의 길을 달려온 엘리트로 착각하기 쉽다. 그의 이력을 살펴보면 어느 정도 일리가 있는 착각이다. 우리나라 최고의 대학 서울대를 졸업하고 굴지의 제약회사에 입사해 임원자리에까지 오른 이력의 소유자. 늘 순탄하게 노른자위 땅만을 밟아온 사람이라는 이미지가 강하다.

하지만 그 이력의 내막을 뜯어보면 그렇지 않다. 사회초년병 시절, 그는 놀랍게도 힘들고 어렵다는 제약회사 영업사원으로 일한 적이 있기 때문이다. 그 뒤로 회사를 옮기고 직위가 높아졌을 때는 마케팅 전무로 영업의 최전선에서 굴렀다. 한때는 광고회사에 다니며 초 단위로 변하는 자본주의의 치열한 전쟁을 온몸으로 겪은 일도 있었다. 그렇듯 늘 현장을 떠나지 않으며 펜대 굴리는 샐러리맨과는 거리를 둔 생활을 했다.

그가 대학을 졸업한 뒤 '동아제약'에 입사한 건 1981년. 약학과를 졸업했으니 제약회사 입사는 당연한 코스라 할 수 있었다. 하지만 그는 연구개발부서에 들어갈 거라는 모두의 예상을 깨고 영업사원이 됐다. 그것도 스스로 자원해서 그 일에 뛰어들었다.

"실험실에 죽치고 앉아 있다고 좋은 약품을 개발할 수 있는 건 아니지요. 시장이 어떻게 돌아가는지를 알아야 제품도 일류가 될 수 있습니다. 또 무엇보다 제약회사가 어떻게 운영되는지 밑바닥부터 배우고 싶은 마음이 컸습니다. 그래야 위와 아래를 두루 꿰뚫는 실력 있는 사원이 될 것 같아서였습니다."

아는 사람은 다 알고 있지만 제약회사 영업직은 이른바 '장난 아닌' 직종이다. 힘들다는 영업직 안에서도 3D업종으로 손꼽힌다. 누구보다 발품을 팔아야 하는 것은 물론이고, 때론 의사들의 심부름꾼 노릇도 대신한다. 은밀히 리베이트를 건네는 '궂은 일'까지 도맡는 경우도 있다. '더러워서 못 해먹겠다'고 떠나가는 동료들이 속출한 건 그래서였다. 그러나 그는 자신이 선택한 자리를 떠나지 않았다. 동료들의 뒷모습을 보면서도 자신을 낮추고 먼저 고개 숙이는 법을 배우며 끝까지 생존하는 길을 택했다. 그의 생각처럼 영업을 통해 배운 교훈들은 미래를 위해 너무나 큰일을 해주었다. 뼈와 살이 돼 그의 승부를 살찌웠던 것이다.

그는 영업을 통해 무엇보다 사람과 친화할 수 있는 방법을 먼저 배웠다. 별의별 사람들을 다 만나는 과정에서 영업의 기본기라 할 '사람장사'의 원리를 깨우쳤던 것이다. 그렇게 얻은 친화력이 끈끈한 인적 네트워크의 바탕이 되었다. 1992년, 그가 46살의 나이에 창업을 했을 때 이 인맥의 힘은 엄청난 위력을 발휘하며 그를 도왔다.

"그들이 아니었으면 정말 어려운 길을 걸었을 겁니다. 코스맥스란 회사 이름을 지어준 것도 그들이지요. 거래처를 소개해주는가 하면 자기 것도 아닌 명함을 뿌려준 것도 바로 그들입니다. 제약회사 다닐 때 알게 된 의사들의 도움도 빼놓을 수 없겠군요."

그렇게 지인들은 이경수 사장의 후원자 노릇을 자처했다. 영업맨 시절에 배웠던 '사람장사'의 노하우가 아니었다면 그의 승부는 애초부터 불가능했을지 모른다.

영업직에서 모든 걸 배우다

영업맨 시절을 통해 그가 깨우친 것은 또 있다. 영업 그 자체의 본령, 즉 매출달성을 위해 구체적인 액션을 취하는 법이었다. 한마디로 무엇이 되는 장사이고, 어떻게 이익을 남길 것인지를 알게 해준 것이다.

"한국은 화장품 회사를 하기에 유리한 나라입니다. 매년 4계절을 맞이하니까 겨울용 화장품을 개발하면 한대지방에 팔고, 여름용 화장품을 개발하면 열대지방에 팔 수 있지요. 게다가 우리나라 사람들이 손재주도 좋고 예능적인 감각도 뛰어나 화장품 사업이 유망하다고 봤습니다."

그가 화장품을 아이템으로 삼은 이유는 물론 그것만이 아니었다. 인체효능과 부작용이란 측면에서 제약과 화장품은 유사한 면이 많았던 것이다. 그러나 근본적으로 물건이 팔릴 거라는 확신이 없었다면 그는 그것을 승부수로 삼지 않았을 것이다. '어떻게'라는 문제 역시 마찬가지였다. 창업 당시 국내 화장품 업계는 '아모레퍼시픽' 등 대기업이 생산과 유통을 꽉 틀어쥐고 있었다. 철옹성처럼 빈틈없는 벽에서 생존을 위한 빈틈을 발견하게 해준 것도 그의 남다른 영업 감각이었다.

"유럽, 일본 등에서 화장품은 생산과 판매가 분리된 업종이라는 사실을 알게 됐습니다. 품질 좋은 화장품 생산에 주력한다면 성공의 기회를 찾아낼 수 있다는 확신이 들었죠."

이 사장은 그렇게 새로운 땅에 안착했다. OEM(주문자상표부착생산) 방식의 생산이라는 무기를 통해서였다. 물론 이 무기를 사용하기 위해서는 중요한 부분을 희생시켜야 했다. 회사의 얼굴이라 할 자기 브랜드를 포기해야 했던 것이다. 하지만 이 사장의 영업 감각으로 볼 때 그보다 더 중요한 게 있었다. '실속'이었다. 물건을 팔고 이익을 남겨야 하는 것이 장사라는 영업의 기본이다. 모든 겉치레와 허식을 배격하고 오직 핵심을 향해 달려들 수 있는 정신을 그의 영업경험이 가르쳐주었던 것이다. 코스맥스가 잡초 같은 생명력을 발휘하며 화장품업계에 뚜렷한 입지를 구축할 수 있었던 건 그와 같은 실사구시적 자세 덕분이었다.

이 사장의 예측은 맞아떨어졌다. 조직을 슬림화하고, 원가를 절감하려는 노력을 기울이던 국내외 대기업들은 뛰어난 기술과 생산력을 겸비한 코스맥스를 사업 파트너로 맞아들이는 데 주저하지 않았다. 화장품 OEM업계 2위의 영예는 그렇게 해서 탄생한 것이었다.

뭐니 뭐니 해도 영업을 통해 쌓은 가장 큰 자산으로 근성을 꼽지 않을 수 없다. 창업 뒤 모진 고통을 겪으면서도 그가 포기하지 않을 수 있었던 이유는 체내에 DNA화되다시피 한 인내와 승부 근성이 있었기 때문이다. 그것을 길러준 것 또한 발로 뛰던 영업맨 시절이었다. 그도 창업 뒤 많은 실패를 겪어야 했다. 기술제휴를 했던 일본기업이 자사 출신의 연구소장을 임명했다는 이유로 제휴를 철회하는 황당한 일을 겪고, 외환위기 때는 거래처의 절반이 떨어져나가기도 했다.

"사업을 접으라는 권유도 여러 차례 받았어요. 하지만 작은 기업 하나 일으켜 세우지 못한 사람을 어느 기업에서 받아줍니까? 이 일이 안 되면 모든 것이 끝이라는 각오로 덤볐습니다."

그 뒤로도 절체절명의 위기는 늘 그림자처럼 그를 뒤따랐다. 그러나 이 사장은 그 모든 어려움 앞에서도 포기하지 않았다. 뚝심을 발휘하여 거래선을 다양화하고 불가능해 보이던 M&A를 밀어붙여 회사를 안정시키는 묘수를 발휘하기도 했다. 코스맥스의 생존과 안정적인 성장은 그로부터 가능해졌다. 곱게만 커왔을 것 같은 CEO에게도 영업맨 시절이 신생기업의 생존과 안정에 핵심적인 지렛대 역할을 해준 것이다.[28)]

굴지의 대기업 출신에 MBA까지 마친 40대 퇴직자에게 정수기 영업사원 제의만 들어오더라는 사례는 우리에게 많은 생각거리를 준다. 이미 사회적인 분위기가 바뀐 지도 오래다. 영업 없이는 자본주의의 생존도 없고, 마흔 살의 승부도 없다. 하지만 과감히 관리직종을 떠나 '영업을 하겠소'라고 나서는 30~40대는 여전히 드문 게 현실이다.

세계 최고의 액정표시장치 생산업체인 '디엠스'의 박용석(48) 대표는 이렇게 말한다.

"기술을 개발하는 건 종자를 개량하는 것과 같구요. 거래선 뚫어내는 건 밭 가는 것과 같습니다. 저 역시 생산현장과 영업

현장을 열심히 다니고 있습니다. 농사도 현장에 나가지 않으면 작물이 잘 자라는지 절대 알 수 없지 않습니까? 그것과 똑같은 이치이지요."29)

결국 그를 현재의 성공으로 이끈 건 남다른 영업 중시, 현장 중시의 감각과 실천이었다는 것이다. 시쳇말로 '쪽팔리고 폼 안 나는' 영업직, 현장직을 좋아하는 사람은 없다. 그러나 우리 곁에 끝까지 남아 승부를 살리고, 성공으로 이끄는 건 영업직, 현장직과 같은 일들이다. 그래서 성공한 이들은 이렇게 얘기한다.

'승부에 진짜 필요한 실력은 요직이 아니라 천직에서 나온다. 천직을 꿈꿔라.'

그것을 위해 지금 할 수 있는 일이라면 무엇이든 시도하라는 것이 그들이 전하는 메시지의 요체다.

간절히 원하면, 분명 보인다

영화 『식스 센스』에는 유령의 세계를 보는 한 소년이 등장한다. 어린 나이에 감당하기 힘든 끔찍함도 물론이지만 소년에게 고통을 주는 건 또 있었다. 평범한 사람들이 보지 못하는 세계를 그 자신만이 알아볼 수 있다는 사실. 고통을 이해받을 수 없다는 외로움이 진짜 큰 아픔을 준 것이다.

하지만 승부의 세계에서는 다르다. 오히려 남들과 똑같은 것을 보여주는 자신의 능력이야말로 저주받아 마땅하다. 뼈저린 외로움을 느끼게 해주지 못하는 능력이 천추의 한이 된다. 그래서 승부사들의 마음은 한결같다. 할 수만 있다면 악마에게 영혼을 팔아서라도 남들과 달라질 수 있는 능력을 갖고 싶다는 것이다. 그들이 모두가 함께 보는 세상의 이면을 들춰 "거기 누구 없소!"라고 애절하게 외치는 이유는 바로 그 때문이다.

불량 폰팅에서 힌트 얻은 영어 폰팅

영어교육 전문기업 '세스넷'의 황규동(44) 사장. '실용영어업계의 혜성'이라고까지 불리는 그는 남들과 다른 것을 볼 줄 아는 능력을 지닌 사람이다.

"가장 효과적인 외국어 학습방법은 현지인들과 직접 어울리면서 그 나라의 문화와 생활방식 등을 익히는 것입니다. 하지만 그렇다고 해서 모든 사람이 어학연수를 떠날 수는 없지요. 이런 한국 사람의 고민을 해결하는 '토종교재'를 개발한 것이 성공의 비결입니다."

그의 말의 강조점은 물론 '토종'이라는 말에 찍혀 있다. 모두가 영어에 올인하는 사회분위기. 그 올인 방식 또한 해외로 쏠리고 있을 때 그의 눈은 '네이티브'가 아니라 '신토불이'로 향했다. 그래서 「세스영어」는 독특하게 만들어진다. 문구, 어휘, 발음 등은 원어민이나 유학 경험자들에게 맡기지만 그 근본만큼은 어디까지나 한국인이 주도한다. 학습커리큘럼의 구성이나 내용을 반드시 한국에서 공부한 연구진이 기획하게 하는 것이다.

원래 황규동 사장은 영어교육과는 거리가 먼 사람이었다. 대학 졸업 뒤 'LG증권'에 입사해 평범한 회사원 생활을 했다. 이 평범한 생활이 하루아침에 바뀌게 된 것은 회사에서 함께 일하던 선배의 권유 때문이었다.

"생활정보를 다루는 일이야말로 앞으로 황금알을 낳는 거위가 될 거라구. 같이 해보자."

선배의 말은 그랬다. 그는 깊은 고민도 없이 얼떨결에 그 제안을 받아들였다. 정작 그를 '꼬셨던' 선배는 집안의 반대 때문에 시작하지도 못했다. 호기롭게 던진 사표를 무를 수도 없던 그만이 4,000만 원의 돈까지 마련해 혼자서 그 일에 빠져들고 말았다. '성동교차로'가 바로 그가 만든 신문의 이름이다.

다행히 사업은 선배의 예측대로 엄청나게 잘 됐다. 경기도 좋았고, 사업 아이템도 이제 막 국내에 도입되던 단계였다. 회사 시절과는 비교할 수조차 없는 많은 돈이 호주머니에 굴러들어왔다. 하지만 거기까지였다. 비슷한 정보를 담은 신문들이 우르르 창간되면서 광고수입이 급감했던 것이다. 채산성을 맞출 수 없던 그는 부득불 생활정보지사업을 접었다. 그리고 새로운 사업을 찾아 나섰다. 다행히 새로운 일거리는 금방 찾아졌다. '불빛 나는 귀이개'라는 독특한 상품을 파는 일이었다. 영어실력이 출중했던 그는 그것을 들고 해외로 나갔다. 그리고 3,000원짜리 귀이개를 100만 달러어치나 팔아치우는 놀라운 실력을 발휘했다. 하지만 그것도 거기까지가 그만이었다. 중국에서 그와 똑같은 제품을 만들면서 더 이상 경쟁하기가 힘들어졌다. 가격경쟁력 때문이었다.

실의의 나날이 시작됐다. 오랜 시간 골머리를 앓았지만 무얼 하면 적당할지 알아낼 수 없었다. 쉬고 있던 몸에 지방이 스며들고 마음까지 초조해졌다. 그래도 안개는 걷히지 않았다. 그렇게 고민을 거듭하며 그는 풀리지 않는 문제에 집착해갔다. 밥을 먹고, 화장실을 가고, 심지어 잠을 자는 자리에서까지 그 문제를 생각했다. 그래도 해답은 나오지 않았다. 답답한 노릇이었다.

그러던 어느 날, 생각에 지친 그는 멍하니 텔레비전 앞에 앉아 있었다. 한 시사고발프로그램이 방영되고 있었다. 그 무렵 유행하던 '폰팅'의 문제점들이 낱낱이 심판되고 있었다. 순간 황 사장의 머릿속에 자동차 와이퍼 밑에 끼어져 있던 광고 전단지들이 떠올랐다. '미모의 여대생과의 짜릿한 폰××. 지금 전화주세요. 000-000-0000' 짜증나는 기억이었다. 툴툴대며 종이를 구겨 던졌던 경험이 한두 번이 아니었기 때문이다.

프로그램의 고발은 계속됐다. 음란함도 문제였지만 앞뒤 가리지 못하고 폰팅에 빠져든 청소년들이 가정경제를 파탄내고 범죄현장에까지 이끌리고 있었다. 혀를 찼다. 거기까지는 사회문제에 분노하는 여느 사회인과 다를 바 없었다. 그런데 바로 그순간이었다. 머릿속으로 번개처럼 하나의 영감이 스쳐갔다.

'영어로 폰팅을 해보면 어떨까. 영어회화 연습도 하고 친구도 사귀고.'

우연히 시청하게 된 TV 프로그램 하나가 그의 인생을 바꿔놓는 순간이었다.

"지금 생각하면 참 '엽기적'인 일이지요. 폰팅을 영어학습과 연결시키다니. 하지만 그 땐 그랬어요. 모든 것이 사업구상과 연결되지 않으면 아무 가치도 없었으니까요. 그렇게 집중하던 시간이 결국은 남들이 생각 못 한 아이디어를 선물해준 셈이었지요."

황 사장은 즉시 '영어 폰팅'이라는 신천지로 뛰어들었다. 회화를 배우고자 하는 사람들이 전화를 통해 원어민 스피커와 자유롭게 얘기할 수 있도록 하자는 계획이었다. 어떤 주제라도 상관없었다. 외국인과 대화를 나누고 친분을 쌓으면서 자연스레 영어를 배우는 것이 가능했던 것이다.

황 사장은 이 사업을 계기로 실용영어 교육에 더욱 박차를 가했다. 영어를 배우는 한국인의 입장에서 가장 어려워하는 부분을 채워주면서도 영어 문장 전체가 통째로 입에서 나오게 하는 영어. '세스영어'가 탄생한 것은 그렇게 해서였다. 그로부터 4년 뒤 2,000억 원의 매출, 영어학습테이프 시장 점유율 70%이라는 기적 같은 일이 이뤄졌다. 황 사장은 이 같은 성공을 바탕으로 IT시대에 걸맞는 '가상체험현실영어', 국제도시 영어마을 사업 등으로 더욱 사업을 확대하는 중이다. 남이 볼 수 없었던 것, 모두가 보는 세계 너머의 것을 볼 줄 알았던 그의 능력이 가

져온 성공이었다.[30]

　'성난 눈으로 돌아보라'는 말이 있다. 성난 눈으로 바라보는 세상이 적의와 경쟁, 투쟁으로 가득하리라는 건 분명한 사실이다. '승부의 눈'으로 세상을 바라보는 일도 마찬가지다. 그럴 때 풀빵도, 거리에 굴러다니는 돌멩이 하나하나까지도 모두 소중한 승부의 재료로 바뀌게 된다. '승부사의 눈'으로 걸러진 세상의 다른 가치가 성공의 기회를 찾아주는 것이다.

　성공한 이들은 이렇게 말한다.

　'무언가를 간절히 원할 때, 사람은 평소 보지 못하던 것을 보게 된다. 화가는 세상을 미술의 재료로 바라보고, 물리학자는 물리학의 재료로 생각한다. 승부사의 눈도 마찬가지다. 그것을 통해 세상을 바라볼 때 무심코 지나쳤던 것들이 '나 여기 있소'라고 벌떡 튀쳐나오는 순간을 맞게 되는 것이다.'

　이제껏 놓치고 있던 가능성이 뒤통수를 치며 존재감을 드러내는 순간. 그 경이로운 순간이 아니고서는 성공을 꿈꾸는 일이 불가능할지도 모른다는 얘기다.

대세가 아니라
맥을 짚어라

"월세 10만 원의 5평짜리 반지하 단칸방에서 시작, 14년 만에 5,800여 평 부지에 연매출 1,400억 원의 중견기업을 일궜습니다."

전자전문기업 '이레전자'의 정문식(44) 사장. 그가 요약하는 자신의 사업 이력서다.

그의 모든 삶은 '돈에 대한 갈증'으로 점철돼 있다. 10살 때 아버지를 여읜 그가 첫 번째로 사회에 발을 디딘 건 초등학생 때. 청계천 전축공장에서 월급 3,000원짜리 '시다'로 일하며 첫 인연을 맺었다. 중학교 때는 친구들의 머리를 깎아주며 학비를 벌었고, 주경야독으로 한양공고 야간부를 졸업했다. 군대도 월급이 많다는 이유 하나만으로 공수부대에 자원을 했다. 그가 사장이 된 것도 같은 이유다. 사장이 되면 부자가 될 수 있다는 믿음 때문에 20대 초반부터 늘 사업가로로서의 미래를 꿈꿨다. 그는 이처럼 열악한 조건을 극복하고 성공을 이룬 입지전의 주인공으로 유명세를 얻었다.

그가 이레전자를 세운 건 1990년이었다. 서울 신림동의 반지하에 두 대의 기계를 들여놓고 전자 부품을 만들었다. 회사다운 모양새라곤 어디에서도 찾아볼 수 없는 초라한 출발이었다. 돈 없고, 지식 없고, 빽 없는 그의 사업이 순탄하게 풀려갈 리 없었다. 부자가 되기는커녕 1년 만에 1억의 빚을 지고 사업을 접어야 할 위기에 처했다.

"콘크리트 바닥에서 잠을 청하며 사업을 되살려냈습니다. 아내에게 '이제부터 난 모든 걸 포기하고 일만 할 거다. 하지만 성공한 뒤엔 반드시 호강시켜주겠다'고 약속한 것도 이때 일입니다. 한마디로 죽을 각오로 일했던 거지요."

하늘도 무심하지 않았는지 그가 죽을 각오를 하자 사업은 풀려나가기 시작했다. 기적처럼 이레전자는 회생의 길을 걸었다. 고비를 넘기자 성장의 시간이 시작됐다. 직원도 10명에서 20명, 30명으로 지속적으로 늘었다. 아직은 '마찌꼬바'라 불리던 소기업의 형태였지만 조만간 누구도 무시할 수 없는 중견기업으로 커나갈 기세였다.

모든 사물은 특정 계기를 통해 극적인 발전의 순간을 맞는다. '티핑 포인트'라 불리는 순간이 바로 그것이다. 그에게도 비슷한 도약의 시간이 찾아왔다. 회사 운영이 어느 정도 안정된 뒤 그는 한 해에도 몇 차례씩 해외를 드나들었다. 최신의 정보를 갖고 있는 자만이 미래를 이끌 수 있다는 확신 때문이었다. 1994년, 그가 독일 하노버에서 열린 '세빗쇼(유럽 최대의 정보기술전시회)'에 참관했을 때였다. 그는 거기서 '모바일시대'의 미래를 봤다. '유선(有線)'의 한계를 극복하는 엄청난 혁명이 준비되는 현실을 목격했던 것이다.

이 혁명을 주도하고 있는 건 휴대폰이었다. 당시로서는 개인용 무전기 정도로 인식되고 있었지만 곧 인류의 생활 자체를 바꿔놓을 강력한 태풍이었다. TV와 영화를 보고, 결제를 하는 만능도구로서의 현재가 직감적으로나마 그의 가슴을 움켜잡았다. 정 사장은 충격 속에 한국으로 돌아왔다. 그 뒤부터 그는 잠을 잘 때도 오직 휴대폰의 미래에 대해서 생각했다. 그것을 어떻게 자신의 승부 안에 구현할 수 있을 것인가를 고민했다. '대세'에 대한 그의 독특한 관점과 실천이 빛을 발한 것도 바로 이때였다.

휴대폰산업에 대해 치밀하게 연구하는 나날이 계속될수록 그의 절망감도 커졌다. 휴대폰을 개발한다는 건 자금과 기술이 달리는 중소기업으로서는 엄두도 낼 수 없는 일이었다. 거기에 한 가지 문제가 더 그를 괴롭혔다. 그가 쾌재를 부르는 대세는 다른 모든 이들에게도 똑같을 거라는 점이었다. 휴대폰 개발에 성공한다고 해도 덩치가 큰 대기업들이 이 유망한 분야를 그냥 놔둘 리 없었다. 시작부터 패배가 확실한 싸움이었다.

"황새들이 저리로 몰려간다고 해서 뱁새가 그걸 어떻게 쫓아갑니까? 다리 찢어지기 십상이지요. 휴대폰이라는 대세를 좇으면서도 나는 어떤 위치에서 그것을 따를 것인가를 고민해야 했습니다. 대세는 여러 물줄기가 합쳐져 이뤄지는 겁니다. 무턱대고 대세라고 받아들일 게 아니라 그 안에는 어떤 변화와 차이가 있는지 면밀하게 검토해야 했던 거지요."

그 결과 한 가지 가능성이 발견됐다. 휴대폰 충전기였다. 무선 혁명은 아직까지 에너지가 작동하는 순간까지만 가능하다는 한계가 있었다. 그 에너지를 집중 공략하는 것이 그가 잡아야 할 새로운 물줄기였다. 그는 휴대폰 충전기에 자신의 모든 것을 걸기로 했다.

관련기술을 처음부터 쌓아가며 충전기를 개발하는 일은 쉽지 않았다. 그는 온갖 곳을 찾아다니며 발품을 팔았고, 관련분야의 기술자들을 찾아가서는 애절하게 읍소하는 일도 마다하지 않았다. 부족한 자본을 모아 충전기 개발에 집중하면서도 기업의 안정적인 운영을 이뤄내는 임무도 동시에 감당해야 했다. 콘크리트바닥에서 잠을 청하며 재기를 모색하던 시절처럼 모두의 의지와 열정을 이끌어내는 일도 그의 몫이었다.

이중삼중으로 얽힌 난제들. 고통스런 시간이었다. 하지만 정 사장은 열정과 뚝심을 발휘하며 이 모든 일들을 극복했다. 제로에서 출발한 충전기 개발을 수년 만에 완수해낸 것이다. 정 사장은 이처럼 어렵게 개발한 충전기를 '현대전자'에 납품했다. 그것으로써 이레전자의 새로운 미래가 시작됐다. 강소(强小) 기업의 탄생. '삼성'이나 'LG' 같은 메이저들마저 경계의 눈빛으로 바라보는 이레전자의 오늘이 출발선에 섰던 것이다.

기업전문가들은 이레전자의 성공을 평가하며 이렇게 말했다. '최첨단 기술에 정면승부하기보다는 산업의 맥을 정확히 짚어간 것이 성공의 비결이 되었다'고. 이레전자의 성공요인을 정확히 분석한 결론이었다. 대세를 따르면서도 그 안의 미묘한 차이를 집어내 자신을 특화된 자리에 위치시킨 능력. 대세를 바라보는 정 사장의 문제의식과 혜안이 아니었다면 이레전자의 성공도 가능하지 않았을 것이다.[31]

대세 속에 있는 자신의 위치를 알아라

386운동권의 핵심인물로 활동하다가 사업가로 변신, 핸드폰 생산업체 'VK'를 설립했던 L(39) 사장. 그의 안타까운 사연은 대세에 관한 우리의 생각을 더욱 굳혀준다. L 사장도 이레전자의 정문식 사장처럼 충전기사업으로 기반을 닦았다. 하지만 그는 2001년부터 주력사업을 휴대폰 자체로 변환시켰다. 부도난 중국의 휴대전화 업체를 인수, 초고속성장의 신화를 노린 것이다. 한동안은 욱일승천의 기세였다. 2004년 매출 3,800억 원, 영업이익 230억 원을 신화를 써서 세상을 깜짝 놀라게 만들기도 했다.

하지만 거대기업들은 황금어장을 어지럽히는 이 작은 물고기를 인정하지 않았다. VK의 성공이 거듭될수록 '노키아', '모토롤라' 등 거대기업의 견제는 더욱 심해졌다. 날로 채산성이 악화되었다. 엎친 데 덮친 격으로 환율하락과 내수시장의 침체라는 악조건까지 겹쳤다. VK는 더 이상 견딜 수 없었다. 5년이라는 시간 동안 짧지만 화려한 불꽃으로 타오르던 VK는 결국 법정관리의 운명을 맞을 수밖에 없었다. 대세에 잘못 순응함으로써 강소기업으로의 탄생에 실패한 채 신화의 다음 페이지도 넘기지 못하게 된 것이다.[32]

대세 안에서의 차이를 보고 자신의 위치를 잡는 능력은 이처럼 커다란 결과의 차이를 만들어낸다. 그래서 성공한 이들은 대세라는 큰 물결 속의 미묘한 색조, 작은 온도의 차이까지도 감각적으로 구분해내는 능력의 중요성을 강조한다.

"대세를 거역하는 사람은 벌을 받습니다. 안전을 위해서가 아니라 방향이 거기 있기 때문에 대세를 따라야 하지요. 하지만 대세는 현실의 여울목을 만나 늘 변화를 일으키게 됩니다.

바로 그순간 자신을 남들과 다르게 행동할 수 있게 만드는 능력이 중요합니다. 바로 그순간만큼은 벌이 아니라 큰 보상을 받게 되기 때문입니다."

성공의 핵심 포인트는 대세가 아니라 그 안에서의 맥이라는 이야기다. 남들 다 몸을 실은 대세 속에서는 성공의 기회를 찾기 어렵다. 자신의 위치를 독특하게 잡아내는 일이 그 일을 해준다. 결국 대세의 맥을 잡는 순간 승부 역시 올바른 대세의 길을 걷게 되며, 성공은 특별한 티핑포인트를 맞게 된다는 것이 그들의 메시지다.

율리우스 카이사르

Gaius Julius Caesar

내 말을 살린 뒤
적의 말을 죽인다

바둑 격언에 '아생연후살타(我生然後殺他:내 말을 살린 뒤 적의 말을 죽인다)'라는 말이 있다. 뜻풀이 그대로 나의 삶을 먼저 도모한 뒤 나중에 상대를 제압한다는 전략이다.

역사상 가장 유명한 로마인 가운데 하나인 율리우스 카이사르의 마흔 살이 이 격언에 잘 들어맞을 것이다. 『로마인 이야기』를 쓴 일본 출신 작가 시오노 나나미는 고대 그리스와 로마의 영웅 28명을 각각 지력, 설득력, 육체적 내구력, 자기억제력, 지속하는 의지의 5가지 항목으로 나눠 평가했는데, 오직 카이사르에게만 전 항목 100점을 준 바 있다.

로마의 유서 깊은 귀족집안 출신으로서 출세가도를 달렸던 카이사르는 기원전 60년 무렵 의외로 빚에 시달렸다. 돈을 물 쓰듯 하며 대중의 인기를 끌어 모아 계속 공직에 선출되려 한 그의 처세전략 때문이었다. 그는 군사위원 · 재무관 · 법무관 · 재정관 · 대사제 등 모든 공직을 선거를 통해

거쳤다. 그래서 돈을 쓰지 않으려야 않을 수 없는 구조였다. 그 결과 고급 관직에 앉게 되기까지 이미 1,300탈렌트의 빚을 지고 있었던 것으로 추정된다. 게다가 로마의 1번 고속도로라 할 수 있는 아피우스공로의 관리관으로 임명됐을 때는 사재를 털어 도로를 보수하기까지 했다. 또 아이딜레라고 하는 스포츠엔터테인먼트 담당관의 자리에 있을 때는 무려 320명의 검투사를 동원해 대규모 검투대회를 열기도 했다. 그뿐만이 아니었다. 연극, 행렬, 향연 따위의 비용을 자신이 부담하는 등 막대한 돈을 들여 지속적으로 대중의 인기를 끌어 모았다. 그는 로마 초기 최고의 포퓰리스트였던 것이다. 이런 상황을 빗대어 『플루타크 영웅전』에는 이런 표현까지 등장한다.

'그 결과 민중 하나하나가 그 대가를 지불하기 위해 카이사르에게 새로운 관직과 영광을 찾아주고 싶은 충동을 가질 상황에까지 이르게 된 것이다.'

마흔 살 때인 기원전 60년 그는 법무관 임기를 마치자 영지의 하나인 남부 스페인 총독으로 임명됐다. 그런데 채권자들이 빚 독촉을 하며 임지로 출발하는 것을 방해하는 사태가 벌어졌다. 이 난관을 맞아 카이사르는 로마의 백만장자 정치가 크라수스에게 접근한다. 그리고 그가 자신의 빚 가운데 1/4에 해당하는 830탈렌트를 보증해달라고 부탁한 후에야 간신히 영지로 갈 수 있게 된다.

이런 과정을 거쳐 자신의 영지로 간 카이사르는 때를 만난 듯 발군의 능력을 발휘하기 시작한다. 즉시 현지에서 단기간에 10개 대대의 병력을 징집한다. 그리고 원래부터 현지에 있던 20개 대대와 합류해 칼라이키아족과 루시타니아족을 정벌한다. 영지 경계를 넘어 서북쪽으로 강력한 군사작전을 펼쳐 멀지 않아 대양까지 진출하게 된다. 이 결과로 그를 추종하는 병사들은 금세 부유해지고 그의 재정도 획기적으로 개선된다. 큰 이득을 본 병사들은 그를 '대장군'이라는 칭호로 부르기까지 한다. 이와 함께 로마 병사들 사이에서는 카이사르의 군대에 들어가면 큰돈을 벌 수 있다는 식의 평판도 얻게 된다. 카이사르 역시 바로 이때 스페인 영지에서 끌어 모은 자금을 바탕으로 1년 뒤 로마로 돌아올 수 있게 된다. 이듬해에는 로마 권력의 핵 가운데 하나인 집정관 선거에까지 출마하게 된다. 이 선거자금이 스페인 정복전쟁에서 나왔다는 것은 누구나 쉽사리 짐작할 수 있다.

탁월한 수완가인 카이사르는 또한 크라수스에게 접근했을 때부터 구상한 대담한 전략을 하나하나 실행해나가기 시작한다. 당시 크라수스는 또 다른 실력자이자 나중에 카이사르의 최대 라이벌이 될 폼페이우스와 갈등을 빚고 있었다. 오직 카이사르만이 폼페이우스와 크라수스 모두와 말이 잘 통하는 사이였다. 카이사르는 이런 상호관계를 활용해 당시 자신보다 상대적으로 더 강력한 정치적 영향력을 가지고 있던 폼페이우스, 크라수스와 함께 1차 삼두정치를 출범시키게 된다. 자신을 기술적으로 자연스럽게 업그레이드시킨 것이다. 이런 상호이해관계는 카이사르가 마흔한 살 때 폼페이와 자신의 딸이 결혼하는 것으로 발전한다. 기회를 잡은 카이사르는 급속도로 로마 권력투쟁의 주역으로 성장해나갔다.

시오노 나나미의 평가처럼 다재다능한 카이사르는 위기를 벗어나 기회를 잡자 발군의 능력을 발휘한다. 고도의 집중력을 분출시켜 자신의 입지를 확고하게 장악한 뒤 착착 미래의 결전을 대비한 것이다.

 마흔 살의 승부수

도쿠가와 이에야스
德川家康

다시 또 참다

일본 전국시대, 통일의 기틀을 사실상 닦은 오다 노부나가가 전혀 예기치 못한 반란에 휘말려 자살하는 대변란이 벌어졌다. 서기 1582년 이른바 '혼노지의 변'이 일어났을 때 도쿠가와 이에야스는 39살이었다. 임진왜란이 벌어지기 아직 10년 전의 일이다.

과연 천하는 누구의 손에 들어갈 것인가? 노부나가의 장남마저 이 반란사건 중 죽어 남은 건 차남뿐이었다. 누구도 어린 차남에게 권력이 순조롭게 넘어가거나 그가 노부나가를 이어 통일을 완성할 것이라고는 예상하지 않았다. 노부나가는 그동안 파죽지세의 기세로 라이벌을 거꾸러뜨렸고, 49살의 나이에도 체력이 좋아 전혀 후계를 구상하거나 실행할 상황이 아니었다. 그렇다면 누구인가? 이번 반란을 일으킨 아케치 미쓰히데가 끝내 이 대형 쿠데타를 성공시킬 수 있을 것인가? 아니면 각지에서 통일전쟁을 수행하는 노부나가의 장군 가운데 누군가가 뛰쳐나와 최후의 승자가 될 것인가?

당시 오다 노부나가 가신단의 대표격인 시바타 가쓰이에는 북쪽지역에서 우에스기 겐신과 전투를 벌이고 있어 당장 군대를 움직일 수 없었다. 다른 가신 다키가와 가즈마스는 관동지방에서 이 지역 경영을 담당하고 있었다. 게다가 반란이 벌어진 교토지역으로부터는 너무 멀리 떨어져 있었다. 나중에 도요토미 히데요시로 불리게 될 하시바 히데요시는 또 다른 곳에서 아직 적군과 대치 중이었다. 이와 달리 도쿠가와 이에야스는 노부나가의 연회 초대를 받아 변란지에 들어간데다가 영지도 교토에서 가장 가까운 데 있었다. 무엇보다 당시 도쿠가와 이에야스는 노부나가의 오랜 동맹자이며, 충성을 다하는 자신의 가신과 무사들의 노력으로 강력한 실력자로 급부상한 상태였다. 따라서 그는 적군과의 대치와 교전으로 묶여 있는 다른 장수들과 달리 이번 변란을 진압하고, 주군의 원수를 갚아 권력의 핵심을 움켜쥔다는 야심을 품을 수도 있는 상황이었다.

이에야스는 간신히 사지를 탈출한 뒤 곧바로 군대를 동원해 교토로 출격한다. 오다의 원수도 갚고, 그 여세를 몰아 새로운 권력의 핵심에 진입하려는 야심이 있었던 것이다. 그런데 곧바로 히데요시가 아케치 미쓰히데를 격퇴했다는 소식이 날아든다. 전격작전의 귀재 히데요시가 적과의 대치상태를 해소하고, 재빨리 군대의 공격방향을 돌려 반란군까지 궤멸시킨 것이다.

도대체 이 상황에서 어떻게 할 것인가? 도쿠가와는 그대로 군대를 진격시켜 히데요시와 대결하는 방법은 선택하지 않았다. 군대의 진격을

 마흔 살의 승부수

멈추고 자신의 영지로 조용히 돌아갔다. 그리고 중앙 정국에서 히데요시가 정권을 속속 장악해나가는 것을 지켜보면서 영지의 내실화에 힘을 기울였다.

이듬해인 1583년 마흔 살 때 도쿠가와는 또 한 차례의 선택을 강요받는다. 오다 가신단의 우두머리 시바타 가쓰이에가 새로운 실력자로 급부상한 히데요시에게 도전하면서 자신과 같은 편이 돼줄 것을 요청해온 것이다. 어느 편과 손을 잡을 것인가? 도쿠가와는 누구의 손도 잡지 않았다. 어느 편을 들더라도 이긴 자의 들러리가 될 것이라고 판단한 것이다. 히데요시가 시바타 가쓰이에에게 이기자 도쿠가와 이에야스는 곧바로 히데요시에게 승전 축하 사절을 보낸다.

그 뒤 도쿠가와 이에야스가 도요토미 히데요시에게 취한 행동들은 모두 '인내'라는 두 글자로 압축된다고 할 정도다. 히데요시가 자신의 여동생을 자신과 정략결혼시키는 것을 받아들이고, 위험을 무릅쓴 채 교토로 가 히데요시에게 신하의 예를 올리기까지 한다. 히데요시가 오다와라를 평정하기 위해 출전하는 전쟁에는 대군을 보내 협력하면서 아예 공격의 선봉에 서기도 한다. 한때 다른 다이묘에게 빼앗겼다가 다시 찾아 심혈을 기울여 경영한 비옥한 영지를 히데요시가 빼앗고, 그 대신 동쪽 해안 지역 미개척지를 영지라고 내주는 탄압도 묵묵히 참아낸다. 실제로는 전혀 참가하고 싶지 않았지만 히데요시의 조선 출병에 선봉을 서겠다고 연기하는 것까지 거침없이 해낸다.

실력이 뛰어나면서도 끝까지 인내하고 인내하는 도쿠가와 이에야스의 이런 40대 처세술은 끝내 도쿠가와 막부 300여 년의 기나긴 영광으로 이어진다.

'마음에 욕심이 생기면 궁핍했을 때를 생각하라. 인내는 무사장구의 근원이요, 분노는 적이라 생각하라.'

4

마흔이라는 것

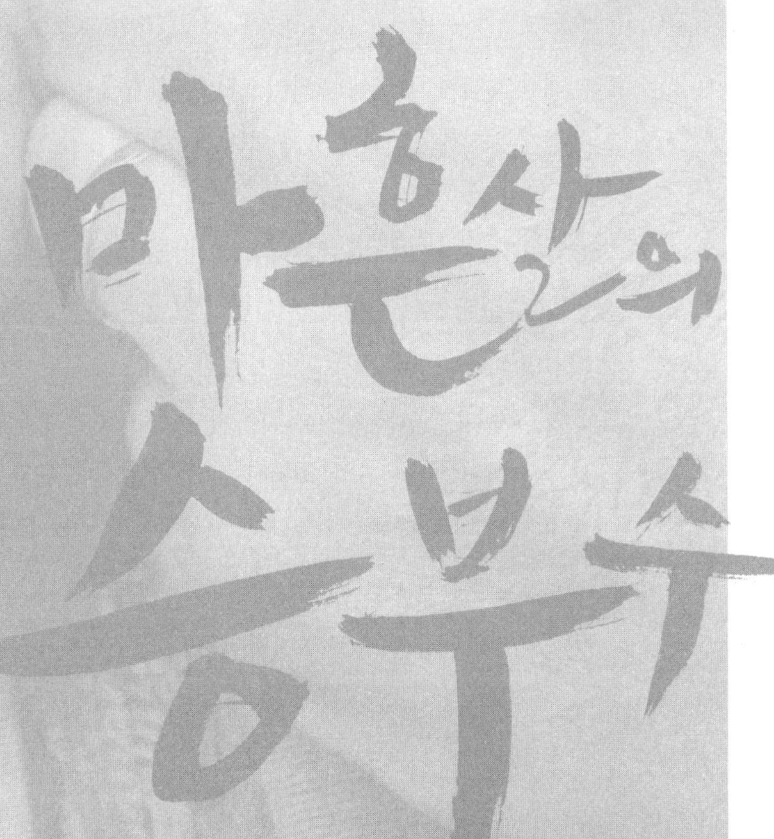

목표의식을 분명히 하라

자기고용의 핵심은 무엇일까? 이는 무엇을 목표로 자기를 경영해갈 것인지, 목표에서 멀어지지 않기 위해서 매순간 자신을 어떻게 관리해나갈 것인지에 대해 답을 내놓을 수 있는 능력이다. 기업체의 오너를 생각하면 쉽다. 그들은 장단기의 경영목표를 세우고, 전 조직을 일사분란하게 목표에 다가가게끔 인도한다. 유능한 오너가 되기 위해 해야 할 일은 바로 그것이며, 자기경영의 길도 마찬가지다.

CEO가 되고 싶은 사람은 꿈마저도 CEO에 관한 꿈만 꿀 만큼 목표의식을 날카롭게 벼려야 한다. 목표에 방해가 되는 모든 느슨한 생활을 버리고, 경영이론과 실무능력을 쌓아가는 자기계발에 목숨을 바쳐야 한다. 문제는 '이제부터 내가 나를 고용하고 경영한다'고 선언하는 것이 아니다. 선언이 아니라 실력이 문제다. 이를 위해서는 승부를 염두에 둔 바로 그 때부터 매 순간을 자기인생의 오너가 되기 위한 훈련에 활용하려는 의지가 필요하다.

'주얼리 형제.' 국내 주얼리 업계의 쌍벽을 이루는 '골드필'과 '줄리엣'을 이끄는 한승철(46), 한승수(37) 사장 형제를 가리키는 말이다.

"경쟁자가 있어야 발전이 있죠. 건전한 경쟁관계를 유지해 세계적인 두 개의 주얼리 브랜드로 만들어가겠습니다."

그 말처럼 10년 터울의 이 형제는 '사이좋은' 라이벌로서 흔치않은 형제드라마를 쓰고 있다. 그러나 만약 형인 한승철 회장이 아니었다면 이 아름다운 이야기는 탄생하지 않았을지 모른다. 동생인 한승수 사장을 다그치고 일깨워 사업가로 만든 것이 바로 그이기 때문이다.

그들은 가난한 집안에서 태어났다. 나이차를 보면 알겠지만 어려서부터 한 회장이 동생인 한승수 사장을 도맡아 기르다시피 했다. 생계를 위해 부모님이 야채 행상을 해야 했던 탓이다. 그처럼 막내의 모든 것을 돌보던 고마운 형이었지만 좀 더 자라서는 동생 때문에 눈물을 흘려야 했다. 대학을 졸업할 무렵 상고를 졸업한 동생이 '입 하나 덜겠다'는 생각으로 식구들 몰래 입대를 해버렸기 때문이다.

물론 한승철 회장이 형으로서의 특권을 독점하며 편하게 대학을 다닌 건 아니었다. 그는 고등학생 때부터 여동생과 막내를 위해 리어카 행상을 하며 학비를 벌고 집안 살림을 보탰다. 그렇듯 고생고생하며 대학을 졸업하고 '샤프전자'라는 버젓한 기업에 입사했다. 하지만 그는 사라진 동생의 빈자리를 보며 피눈물을 삼켰다.

한승철 회장은 그 눈물을 보다 큰 성취의 계기로 활용했다. 남보다 두 배, 세 배의 노력을 기울여 일을 했고, 회사는 성실한 그에게 고속승진이란 달콤한 열매로 보답을 했다. 그렇듯 회사에서 기반을 쌓고 집안을 이끄는 동안 군에 갔던 동생이 제대를 했다.

앞날을 계획하던 동생은 형에게 도움의 손길을 청했다. 장사를 할 테니 밑천을 대달라는 부탁이었다. 형은 흔쾌히 20만 원을 마련해 동생의 손에 쥐어주었다. 동생인 한승수 사장은 그 돈을 가지고 친구들과 함께 부천에서 옷 행상을 시작했다. 다행히 장사는 순조롭게 돼나갔다. 타고난 장사수완이 있어서인지는 몰라도 한 달 만에 형의 빚을 갚고도 그 몇 배에 이르는 이익을 남겼던 것이다. 한승철 회장은 그런 동생의 모습을 몰래 훔쳐보며 감격의 눈물을 흘렸다.

"목청이 터져라 외치며 장사를 하고 있는 막내의 모습을 아내와 함께 숨어서 지켜봤죠. 어릴 적부터 막내를 챙겼던 아내가 '막내 도련님이 어느 새 저렇게 크다니….' 하며 눈물을 흘리더군요."

하지만 한승철 회장은 동생의 앞날이 이제 시작이라는 점을 잘 알고 있었다. 사람은 늘 그가 어떤 목표를 갖느냐에 따라 인생의 그릇이 달라지고 성공의 크기도 달라지는 법이다. 그는 동생을 더 크고 원대한 목표로 이끌어야 할 필요성을 느꼈다.

"너 장사꾼 될래, 사업가 될래?"

한승철 회장이 장사에 빠져 있던 동생을 불러 물었다. 한승수 사장은 고민했다. 느닷없는 질문에 당황한 탓도 있었다. 하지만 그는 직감적으로 자신의 선택에 따라 앞으로의 인생 자체가 크게 바뀔 수도 있다는 걸 깨달았다. 목표의식이 사람을 결정한다는 것을 이를 두고 하는 말일까. 그 때까지 한 번도 진지하게 생각해보지 못했던 문제가 그의 가슴을 두근거리게 했다. "사업가." 그가 택한 대답은 그것이었다. 그것으로 그의 운명도 결정됐다.

동생의 대답을 들은 한승철 회장은 그 길로 잘나가던 장사를 그만두게 했다. 그리고는 동생의 손을 이끌고 허름한 옷 공장에 찾아가 취직시켜버렸다.

"공장 노동자들과 숙식을 함께 하면서 인생을 많이 배울 수 있었던 그 때가 지금 경영의 원천적인 힘이 되고 있습니다."

목표의식을 분명히 한 결과는 그처럼 엄청났다. 한 가지 일을 하더라도 그것이 자신의 목표에 부합되는 행동인가, 그 속에서 뭔가를 배울 수 있지 않을까를 항상 생각하며 하게 됐던 것이다. 하지만 '경영수업'은 그것으로 끝나지 않았다. 생산현장이 돌아가는 이치를 어느 정도 깨우칠 무렵, 이번에는 무역회사에 들어가게 됐던 것이다. 이번에도 '회사에 취직해 기본 시스템을 배우라'는 형의 뜻에 의해서였다.

그곳에서 한승수 사장은 더욱 혹독한 훈련을 받았다. 취직한 지 얼마 되지 않아 형이 그 회사의 전무로 취임했던 것이다. 한승철 회장은 동생을 새벽 6시까지 출근하게 해 화장실 청소를 시켰다. 받는 월급은 한 달 용돈 계획서와 함께 형에게 모두 압수당했다. 한 달 생활비 13만 원을 제외한 모든 돈이 통장으로 들어갔다. 그러자 놀라운 일이 생겼다. 회사 생활을 한 지 겨우 2년 만에 2,000만 원이라는 거금이 그의 손에 쥐어졌던 것이다. 이 돈이 뒷날 한승수 사장이 창업을 할 때 요긴한 자금으로 활용되었음은 물론이다.

돈도 돈이지만 당시 훈련을 통해 얻은 지혜와 경험은 그 무엇으로도 바꿀 수 없는 자산이 되었다. 너무나 힘들어서 형을 원망할 때도 있었지만 한승수 사장은 불평 대신 묵묵히 맡겨진 궂은일들을 처리해나갔다. 자신은 이미 '장사꾼 한승수'가 아니었기 때문이다. 미래의 사업가를 위해서는 이 정도 고생쯤은 아무것도 아니라는 다짐으로 그는 작은 일 하나까지 열정적으

로 배우고 익혀나갔다. 그러는 사이 그의 내면에는 허드렛일을
하는 말단 사원이 아니라 '사업가 한승수'가 이미 완성되어가
고 있었던 것이다.

　1998년, 마침내 한승수 사장은 '줄리엣'을 창립해 CEO로 취
임했다. 아직은 젊은 나이, 모든 게 부족한 출발이었지만 그에
게는 부족함으로 느껴지지 않았다. 이미 그는 혹독한 훈련을
통해 누구보다 실력 있는 경영자로 거듭나 있었던 것이다. 한
해 뒤인 1999년 형인 한승철 회장이 '골드필'의 CEO에 취임했
다. 하지만 한승수 사장은 청출어람의 주인공이었다. 그가 이
끄는 줄리엣은 한 해 300억 원이 넘는 매출로 골드필의 200억
원을 넘어섰던 것이다. 사업가라는 목표를 방향타 삼아 자신의
삶을 경영한 결과 자신을 넘어 수백억 원의 매출을 올리는 거
대기업의 오너로 당당하게 자리매김한 것이다.[33]

　목표의식의 힘은 그처럼 엄청나다. 보잘것없는 일을 하는 한
인간을 CEO로도, 대통령으로도, 예술가로도 만들어내는 게 그
것이기 때문이다. 「나그네는 길에서도 쉬지 않는다」라는 제목
의 책이 있다. '목표의식이 뚜렷한 사람은 어떤 순간에도 노력
을 멈추지 않는다'는 뜻으로 해석해도 무방할 듯싶다. 목표에
방해가 되는 모든 일을 쓰레기통에 버리고, 눈가리개를 한 경
주마처럼 앞으로 나아가야 한다.

당신은 승부를 통해 무엇으로 거듭나고자 하는가? CEO? 주방장? 펜션의 주인? 결국 그 모든 것들은 자기 인생을 가장 가치 있게 보내기 위한 꿈으로 통한다. 자신을 관리하고 더 나은 미래를 위해 끊임없이 힘써 나가라. 목표의식을 분명히 하는 일이야말로 승부를 위해 필요한 정신적 준비의 첫걸음이기도 하다.

명승부를 꿈꿔라

명작을 꿈꾸지 않는 예술가는 없다. 모름지기 예술가라면 자신의 작품이 불멸성을 얻어 시공간을 뛰어넘은 채 기억되기를 바란다. 그것을 위해 '불사른다'는 표현이 무색할 만큼 영혼과 육체의 건강을 바친다.

우리 인생도 예술과 다를 게 없다. 인생은 종이나 캔버스가 아니라 삶 자체를 재료로 삼는다는 점에서 더욱 엄청나고 위대한 예술행위다. 우리가 명작 인생을 꿈꿔야 할 이유는 바로 여기에 있다. 그런데도 우리는 너무나 안이하게 자신의 인생을 대하는 건 아닐까? 너무도 손쉽게 현실과 타협하고 있는 건 아닐까?

마흔 살의 승부는 우리 삶을 명작의 차원으로 밀어 올리는 마지막 지렛대이다. 당연히 우리의 승부는 명승부의 모습을 닮지 않으면 안 된다.

스포츠 경기를 보면 수많은 명승부들이 있다. 가령 2002년 월드컵의 한국 대 이탈리아 경기가 그렇다. 이런 경기들을 통해 명승부의 몇 가지 특징을 이렇게 정리할 수 있을 것이다.

(1) 반드시 이겨야 한다는 욕망과 의지로 불타오르고 있어야 한다(승리에 대한 온 국민의 염원을 담은 경기. 게다가 자국에서 열리고 있는 대회였다).

(2) 도저히 무너뜨릴 수 없을 것 같은 강한 상대와 대적한다(이탈리아는 늘 랭킹 1, 2위를 다투는 축구계의 최강자다. 우리나라는 40위권을 오가는 축구 중진국).

(3) 혼신의 힘을 다해 유감없는 승부 과정을 치러낸다(후반 종료를 코앞에 두고 들어간 동점골. 연장전까지 치러낸 경기로 수많은 선수들이 탈진 상태에 도달했다).

(4) 승패와는 관계없이 모두가 인정하는 아름다운 결과를 만들어낸다(이겨서 기뻤지만 졌더라도 영원히 추억될 만한 아름다운 경기였다).

우리 주변에 있는 마흔 살 승부사들은 어떤 명승부의 창조자였을까?

올해 나이 61살, 1946년생인 그는 7남매 중 막내로 태어났다. 그가 어린 시절을 보낸 곳은 청계천 인근. 모두가 어려웠던 시절이지만 특히나 청계천은 빈민들에겐 특별한 애환이 서린 곳이다. 전쟁통에 모든 걸 잃은 사람들이 몸을 누일 한 뼘의 공간을 찾아 모여든 곳이기 때문이다.

그의 집안이 처음부터 가난했던 것은 아니다. 형들과 누나들이 자랄 때만 해도 비교적 넉넉한 살림살이였다. 하지만 아버지의 사업 실패로 그는 이른 나이에 가난의 설움과 고통을 뼈저리게 느끼며 자라야 했다. 학창시절이라고 순탄할 리 없었다. 그는 어려서부터 우유와 신문을 배달하며 스스로 학비를 벌어야 했다. 좀 더 자라서는 막노동을 하며 고학했다. 영특하고 공부 잘 하는 그였지만 대학진학은 언감생심 꿈조차 꿀 수 없는 형편이었다.

좌절과 허탈함이 없었다면 거짓일 것이다. 아무리 물을 길어다 부어도 채워지지 않는 구멍 뚫린 항아리. 그의 젊은 날은 마음껏 꿈을 펼칠 수 없는 환경 탓에 늘 허기로 가득 찼다. 도저히 맞서 싸울 수 없는 적처럼 가난이 그의 삶 곳곳에 상흔을 남기고 있었던 것이다. 그래도 그는 자포자기하지 않았다. 어려워도 노력을 멈추지 않으면 길이 있다고 믿었다. 날품팔이 노동을 하면서도 손에서 책을 놓지 않았다. 그가 아주대학교 기계공학과에 입학한 건 나이 26살 때다. 남들은 승용차를 타거나

걸어서 오른 고지를 그는 피투성이 포복을 6년이나 거친 뒤에
야 간신히 오를 수 있었다.

느지막이 꿈을 이룬 만학도는 더욱 공부에 매진했다. 남보다
배는 더 노력해야 늦어진 시간을 만회할 수 있을 터였다. 하지
만 그가 해낸 건 2배의 노력이 아니라 3배, 4배의 노력이었다.
당연히 그는 두각을 나타낼 수밖에 없었고, 학문에 대한 열정
과 실력은 국제적으로도 인정을 받기에 이르렀다. 프랑스 정부
가 지급하는 장학금을 받고 국립과학응용연구소에 유학을 가
게 됐던 것이다. 박사학위를 받고 금의환향한 그는 1984년 한
국과학기술원(현 KAIST)의 기계공학과 교수로 취임했다. 38살
의 나이였다.

여기까지만으로도 입지전의 주인공이 되기에 충분한 스토리
다. 남은 삶도 대학교수라는 안정된 직위 속에서 명예롭게 끝
마칠 수 있을 터였다. 그러나 뜻밖에도 그는 45살의 나이에 미
련 없이 교수직을 버리고 사업에 뛰어들었다. 프랑스 유학 시
절 눈여겨봐두었던 생활정보지사업이었다. '수원교차로'가 바
로 그가 만든 회사의 이름이다.

그의 말에 따르자면 '연구하는 데 한계를 느낀' 것이 변신의
이유였다. 하지만 오래지 않아 그가 애써 이룩한 삶의 결실을
버리고 느닷없이 왜 사업가로 변신했는지 이유가 밝혀진다. 이

제 독자들의 뇌리 속에 이 인물에 관한 기억이 스쳐가고 있을 지 모른다. 그렇다. TV를 통해서도 소개된 바 있는 황필상 박 사. 그가 이 이야기의 주인공이다.

1991년, 황 박사를 포함해 4명의 직원으로 출발한 수원교차 로는 번창해나갔다. 1년 만에 직원이 40여 명으로 불어났고, 매출액 규모도 수십, 수백 억 원으로 눈덩이처럼 불어났다. 무 엇이 황 박사를 성공으로 이끌었을까? 우선 그가 택한 승부의 아이템을 빼놓을 수 없다. 전국 일간지나 지역신문이 담아내지 못하던 실생활의 유용한 정보를 거미줄처럼 엮은 생활정보지 는 큰 인기를 끌 수밖에 없었다. 그러나 가장 큰 요인으로 꼽을 수 있는 건 역시 황 박사의 노력이다.

"능력이 모자라도 열심히 노력하면 행운을 만날 수 있습니다."

그의 말은 자신의 지난 삶에 대한 압축적인 묘사이자, 그가 사업을 하며 지켜온 원칙이기도 했다. 그것이 학문에 대한 열 정만으로 40여 년을 보내온 학자를 성공적인 사업가로 변신시 킨 원동력이 돼주었던 것이다. 그렇게 혼신의 힘을 다해 사업 에 매진한 결과 그는 모두가 부러워하는 성공의 주인공이 되 고, 부를 쌓았다.

2002년 여름. 각 언론들은 한 미담의 주인공에 대한 보도를 쏟아냈다. 건실하기로 소문난 한 기업체의 창업주가 전 재산을 모교에 기증했다는 내용이었다. 물론 그 주인공은 황필상 박사였다. 시가 2백억 원이 넘는 수원교차로의 주식과 현금 15억 원을 아주대학교에 기증했던 것이다. 회사 전체 주식의 90%가 넘는 주식 기증은 곧 회사 경영권을 포기한다는 것을 의미했다. 나머지 10%는 아주대학교 측에서 만류하고 간청해 그가 지니게 되었다. 애써 이룩한 전 재산을 포기한다는 결정이었지만 막상 그는 담담했다.

"개인이 갖기에는 과분한 재산입니다. 재산이란 있다가도 없는 것이어서 가치 있는 일에 쓰는 것이 가장 바람직합니다."

그리고 그는 이 결정이 어떻게 내려진 것인지에 대해 이렇게 부연했다.

"1991년 창업 때부터 다짐해왔던 일로 가족들 역시 기뻐해 줬습니다. 지금이 적절한 시기라고 생각했습니다."

결국 그의 사업가 변신은 돈 욕심 때문이 아니었던 것이다. 그가 꿈꾸던 큰 성공은 개인의 영달이 아니라 사회에 더 많은 기여를 하고, 더 많은 이들에게 행복을 주기 위한 수단이었다. 그러므로 그의 또 다른 결정 역시 전혀 이상하게 느껴지지 않는다. 황 박사 자신은 물론 그의 부인까지 사후 시신을 아주대학교 병원에 기증하기로 한 것이다. 이처럼 내리기 힘든 결정에 대해 황 박사는 웃으며 이렇게 말한다.

"재산이나 몸 모두 내 소유가 아닌 잠시 보관하는 것이라고 생각합니다. 자기 돈이 아니라고 생각하는 사람들이 사회에 재산을 환원한다면 세상 일이 훨씬 쉬워질 것입니다."

이것이 명승부 아닌가. 삶의 낙인처럼 지워지지 않던 가난이라는 강한 적. 그것을 이기고 반드시 가치 있는 삶의 주인공으로 다시 태어나겠다는 열정과 의지. 혼신의 힘을 다해 치러낸 유감없는 승부의 과정. 그 결실이 된 아름다운 결과. 황필상 박사는 그가 시도한 명승부를 통해 자신의 삶을 불후의 명작으로 만들어낸 것이다.

'쇼테크'의 유석호(38) 대표는 우리가 꿈꾸는 인생의 명승부와 관련해 이렇게 말한다. 큰 성공이 아니라 위대한 성공을 꿈꿔야 한다고 말이다.

"장사를 하던 주식이나 부동산 투자를 하던 간에 엄청난 수익을 내어 큰돈을 벌면 그것은 큰 성공이라고 할 수 있지만 그것을 위대한 성공이라고 말하긴 어렵습니다. 제가 생각하는 위대한 성공의 의미는 자신이나 가족이 잘 살기 위한 일이나 생존을 위한 성공이 아니라 그 성공의 혜택을 보다 많은 사람이 같이 누리고 공유할 수 있어야 한다는 것입니다."

인터넷 정보배달 시스템 '마이링커'로 2006년 한 해 동안 100억 원의 매출을 올린 유 대표. 그가 말하듯 유 대표는 아직

'큰 성공'의 주인공이 아닐지 모른다. 하지만 그가 매순간 최선을 다하며 승부의 과정을 행복하게 즐길 수 있는 건 '위대한 성공'에 대한 꿈과 확신이 있기 때문이다. 그가 말하는 위대한 성공이야말로 명승부를 통해 창조되며, 우리 삶을 명작인생으로 밀어 올려 줄 가장 강력한 지렛대가 아닌가.

우리의 인생에서 진짜 중요한 건 몇 억의 돈을 더 버는 것이 아닐 수도 있다. 마흔 살의 승부는 보다 위대한 것을 꿈꿔야 한다는 것이다. 황필상 박사가 그랬듯 가장 가치 있는 삶의 창조자가 되어보는 건 어떤가. 우리도 마흔 살의 명승부를 꿈꿔야 한다.

40대의
손익결산서

과거를 잊기 전에 냉정하게 손익결산부터 시작해보자. 마흔 살에 이르기까지 나는 무엇을 잃었고, 무엇을 얻었는가?

잃은 것의 주요 목록

무엇보다 첫 번째는 돈에 대한 꿈과 환상을 꼽을 수 있다. 기업체들이 펴낸 세대별 소비성향 보고에 빠지지 않는 건 40대의 소비지출이다. 그러나 40대만큼 돈을 갈구하고, 돈에 쫓기고, 삶을 송두리째 규정당하는 세대는 없을 것이다.

이화여대 여윤경 교수가 2004년 〈중앙일보〉에 낸 총 74건을 분석한 '재산 리모델링 의뢰 사례' 결과를 보더라도 그렇다. 우리나라 40대 중 상당수는 직장생활 10년, 20년을 거치며 간신히 집을 마련하면서 경제적인 '최정점'에 올라선다. 그러나 그와 비슷한 시간 동안 다시 집 없는 원래의 생활로 돌아간다. 집을 팔아 노후를 견뎌야 하기 때문이다. 직장을 나온 뒤 퇴직금을 털어 사업을 벌이더라도 구멍가게 수준의 가게를 차리는 게 고작인 경우가 많다.

누구나 자기 앞가림을 할 수 있는 나이가 되면 돈으로부터 자유로운 삶을 꿈꾼다. 그러나 현실은 그렇지 않다. '올인'에 대한 욕망으로 들끓는 40대 남자의 맷집은 아내의 단순명쾌한 생존론조차 견딜 수 없다. 돈은 잃어버린 환상을 넘어 이미 공포 그 자체가 돼버렸다.

두 번째이자 가장 심각한 항목은 바로 자기 자신을 잃었다는 점이다. 도도새는 날개가 퇴화되어 멸종당하고 말았다. 지상에 널린 먹잇감에 현혹돼 자신이 날개를 단 존재라는 걸 잊은 탓이다. 그러면 40대는 도도새에 비교될 수 있을까? 그렇지 않다. 오늘을 사는 40대는 닭이다. 도도새는 길들여지지 않은, 비교적 영웅다운 최후를 맞기라도 했지만 닭은 그렇지 않다. 철창과 먹이를 주는 누군가의 손길, 스스로 내줄 수 있는 고깃점과 달걀이 없으면 생존할 수 없도록 길들여져 있기 때문이다. 우리들과 똑같다.

얻은 것

그래도 40대에게 희망이 있는 건 잃은 것을 벌충하고도 남을 자산을 쌓고 있기 때문이다.

그 첫째는 이제야 비로소 자신이 가야 할 길을 분명하게 깨달을 수 있는 지혜를 얻었다는 것이다. 변화경영의 전도사로 유명한 구본형 씨의 말을 잠시 빌려보도록 하자.

"사실 마흔이 되어도 무엇을 하며 살고 싶은지 모르는 경우가 태반입니다. 설사 하고 싶은 일이 생기더라도 스스로 의심하게 되지요. 가진 돈이 모자라서 못 하고, 밥벌이가 못 되는 취미라서 못 하고, 하고는 싶지만 재능이 따르지 못해 주저앉고, 하고는 싶지만 한 번도 해본 적이 없어서 못 하면서 과거에 매몰되기 십상인 시기이기도 합니다. 이때는 자신의 손목을 끌고 장례식장으로 데려가기를 권합니다. 관에 못이 박히고 사람들이 흐느끼는 가운데, 땅에 묻히는 그 순간 정말 살고 싶었던 삶이 무엇이었는지 물어보는 것입니다. 마흔은 원하는 삶을 찾아 '위대한 선회'를 할 수 있는 결정적 시기입니다. '왜 우리는 우리가 원하는 삶을 살 수 없는가'라고 묻고 도전하기 꼭 좋은 시기이기도 합니다."

40대는 이미 파내려온 삶의 깊이에 의해 인식과 행동의 깊이

또한 남다를 수밖에 없다. 위대한 선회를 향한 꿈이 그의 눈을 밝히고, 이제 한 걸음도 낭비할 수 없다는 절박함이 그의 발걸음을 꼿꼿하게 만든다. 그래서 40대는 그 어느 때보다 삶에 대한 본질적인 질문이 가능하다. 가장 활력 있게 목표를 추구할 수 있는 시기이기도 하다.

40대가 얻게 된 또 다른 중요한 자산이 있다. 가족에 대한 애정과 책임감이 그것이다. 영화 『트로이』에는 신의 피를 이어받은 불사의 존재 아킬레스와 싸우는 헥토르 왕자가 나온다. 결전의 아침, 그는 마지막 전투를 위해 갑옷을 질끈 동여매고 투구를 고쳐 쓴다. 곤히 자는 어린 아들의 얼굴을 묵묵히 지켜본 뒤 결전의 현장으로 떠난다. 남겨진 아내와 자식의 운명을 두 어깨에 송두리째 짊어진 채. 그가 맞이할 승부가 이미 승패가 결정 난 싸움이라는 사실은 중요한 문제가 아니다.

마흔 살의 나이는 헥토르가 맞이한 새벽과도 같다. 국내 굴지의 금융회사 출신으로 실업자가 된 뒤 식당업에 뛰어든 박서경(43) 씨. 식당일에 바쁜 그들 부부가 귀가하는 시간은 으레 밤 12시다. 초등학교 4학년, 3학년생인 아이들은 벌써 잠들어 있다. 김치면 김치, 카레면 카레 한 가지만으로 저녁을 때우고 기나긴 시간 엄마, 아빠를 그리워하다가 잠이 든 아이들. 그런 자식들을 바라볼 때마다 그의 가슴 속에는 세상 어떤 말로도 표현할 수 없는 서늘한 바람이 지나간다.[34]

40대를 앞으로 나아가게 하는 건 바로 그 아이들에 대한 사랑과 책임감이다. 원하는 자신에 도달하겠다는 꿈과 가족에 대한 무한책임이라는 두 가지 숙명. 이 두 갈래 밧줄 위에서의 아슬아슬한 줄타기가 바로 40대의 손에 쥐어진 자산이다.

40대의 손익결산서 – 우리는 부자인가, 빈자인가?

당신도
'한 방'이 있다

　어느 남편이 있었다. 늘 분주하고 오지랖 넓지만 실속은 전혀 없는 타입이었다. 그에게는 착한 아내가 있었다. 아내는 묵묵히 가난을 참아내며 오매불망 남편의 성공만을 기다렸다. 그러나 시간이 흘러도 살림이 나아지지 않자 아내는 걱정이 되어 물었다.

　"언제쯤이면 우리 형편이 나아질 수 있을까요?"

　남편은 호기롭게 소리쳤다.

　"조금만 기다려 보라구. 홍콩에 배 들어오면 다이아반지 사줄게."

　그 뒤로도 시간은 자꾸 흘러갔다. 그새 부쩍 주름살이 늘기 시작한 아내는 때때로 이렇게 한탄했다.

"에휴, 그 놈의 배는 왜 그렇게 자주 가라앉아 가지구….."

무역업자도 아닌 남자에게 '홍콩에 들어오는 배' 따위가 있을 리 없다. 그저 마음속에 품은 '비장의 한 방'이었을 뿐이다. 모든 남루한 오늘을 일거에 날려버리는 상상 속의 청량제. 우리 모두의 마음속에 있는 바로 그것 말이다. 그런데 과연 현실에서도 그런 것을 손에 쥘 수 있을까?

개인이라는 울타리를 벗어나 보다 거시적인 방향에서 40대를 검토해보자. 이 시대를 사는 40대를 하나의 특정세대로서 다른 세대와 비교해보는 것이다. 먼저 40대와 50대를 견주어본다면 이런 차이가 드러나지 않을까?

(1) 성향 : 보다 본질적이며 도전적이다.

(2) 특·장점 : 지혜는 딸리더라도 결단력에서 우세하다.

(3) 라이프 패턴 : 빠르고 이동에 능하다.

(4) 이념 : 공동의 시대정신으로 무장하고 있다.

(5) 조직력 : 학생운동을 통해 집단적으로 권력과정에 참여한 경험을 공유하고 있다.

(6) 현실적응력 : 50대의 실전형 경험과 30대의 개인주의 문화코드를 두루 이해한다.

(7) 전망 : 앞으로 '장기집권'이 가능한 인구-문화적 구조를
    가지고 있다.

어느 시대나 40대가 주도세대이기는 하지만 오늘의 40대는
어느 때보다 강한 자신감과 능력을 갖추고 있다. 그것은 40대
가 맞서 왔던 시대상황과 무관하지 않다. 현실의 문제가 너무
나 심각하고 커서 40대는 항상 문제의 본질을 찾고, 근원적인
해결 방법을 찾을 수밖에 없었다. 한 마디로 문제를 대하고 해
결을 모색하는 수준이 다르다는 것이다.

일과 삶의 방식에서도 마찬가지다. 40대는 현실의 강한 압박
을 뚫고 나가느라 강한 결단력과 추진력, 전투적인 행동방식을
몸에 익힐 수밖에 없었다. 초기의 시련과 좌절에 반비례해 민
주화와 경제성장의 주역으로 높게 뛰어오른 경험 역시 이런 특
성에 힘입은 바 크다. 게다가 실패와 성공의 굴곡이 워낙 깊고
가파른 까닭에 40대는 현실의 빛과 그림자를 모두 꿰뚫을 수
있는 높은 식견까지 갖췄다. 이런 시대적, 경험적 요인이 씨줄
과 날줄로 엮여 40대의 성공 요소는 대폭 강화됐다.

그렇다면 30대와의 비교에서는 어떨까?

(1) 성향 : 덜 도전적이다. 하지만 본질적인 면에서는 더 날카
    롭고, 생활력도 질기다.

⑵ 특·장점 : 인생살이면에서도 지혜롭고, 실제적인 것을
   결단하는 데서도 나은 편이다.

⑶ 라이프 패턴 : 상대적으로 느리지만 기회를 놓칠 정도는
   아니다.

⑷ 이념 : 30대가 코드형이라면 40대는 시대공감형이다.

⑸ 조직력 : 집단으로서의 기억과 성취감이 훨씬 높고 집단
   적인 행동이 가능하다.

⑹ 현실적응력 : 30대와 50대의 장점을 섭취하면서 세대 간
   중재자로 기능할 수 있다.

⑺ 전망 : 오랫동안 주도권을 놓지 않을 태세다.

'낀세대'라는 푸념이 여기저기서 들려오는 40대. 그러나 장
점이라고 할 만한 것들이 더 눈에 띄지 않은가? 짧게 지속된 성
취감 속에서 빠르게 일선에서 밀려나는 50대. 40대는 지금 그
들이 남긴 공간을 재빨리 점령해나가고 있다. 그런 세대적 주
도권은 앞으로도 오랫동안 지속될 전망이다.

한편 30대는 아직 40대 선배들의 조직적 마인드와 생존방식
을 이겨낼 만한 뚜렷한 무언가를 개발하지 못하고 있다. 나쁜
방향에서가 아니라 바람직한 의미에서의 사람관리에 40대가
앞서고 있다는 것이다. 그렇다고 30대가 50대와 대연정을 이룰
만한 전망 역시 불투명하다. 세대 간 경합에서도 40대는 오랫

동안 불패지세를 유지할 기세라는 것이다. 자, 이쯤 되면 아랫배에 힘을 주고 느긋하게 스스로를 격려해볼 만하지 않은가.

"봐. 나도 한 방이 있잖아!"

마음만이 아니라 현실에서도 존재하는 실제적인 한 방. 어쩌면 우리는 어깨를 좀 더 펴도 될 것 같다.

뒤로 가는 꿈,
앞으로 가는 꿈

"소년이여, 야망을 가져라!"

'공부하라'는 말이 꾸중이라면 '야망을 가지라는' 말은 당근이다. 어찌 됐건 청소년기에 가장 많이 들었던 두 가지 말이다. 그렇게 많은 말을 들었건만 우리의 꿈은 그다지 보존 상태가 좋지 않은 듯하다. 일에 치이고 사람에 치여 꿈을 잃은 40대가 넘치기 때문이다.

그래도 꿈은 중요하다. 호랑이를 목표로 그림을 그려야 고양이라도 그린다는 의미에서도 그렇다. 하지만 무엇보다 중요한 건 꿈이 강력한 삶의 추진력이라는 사실이다. 더구나 꿈은 삶의 부패와 나태, 포기를 예방하게 하는 '소금'의 역할을 해주지 않는가?

자, 그렇다면 여기에 40대가 가진 몇 가지 꿈을 가감 없이 드러내보기로 하자.

잠 못 이루는 40대 의사

그는 40대 의사다. 상대적으로 수입이 적은 편인 신경정신과 의사이긴 하지만 틀림없이 고소득 직종에 종사하는 엘리트다. 사람들의 불안을 치료하는 직업을 가진 그가 요즘 스스로 불안해서 못살겠다고 아우성치고 있다.

"그래, 남편분이 이전보다 수입이 줄어들어서 어떻게들 버티시나요?"

요즘 그가 환자들에게 듣고 싶은 대답은 그것이다. 이 사람은 어떻게 돈을 버는지, 재산은 얼마나 되는지 호기심이 부쩍 늘어난 것이다. 혹 그가 망했다면 어떻게 망했는지, 부자가 됐다면 어떻게 부자가 됐는지 열심히 알아내려 한다. 그래서 망한 사람한테 위로받고, 부자한테 화를 내는 내면의 소동을 소리 없이 치른다.

젊어서는 그렇지 않았다. 인간의 내밀한 정신세계로 들어가 그 비밀을 밝혀낼 수 있다는 학문적 열정에 짜릿함을 느꼈다. 이제 그는 그런 것들에 마음이 움직이지 않는다. 의사로서의 열정이 사라진 자리에 들어선 건 누가 어떻게 성공을 거두었고, 그 비결은 무엇인지에 대한 궁금증뿐이다.

그는 하루 종일 진료실에서 10시간씩 앉아 있다. 혼자 생각하는 시간이 면담하고 진찰하는 시간보다 훨씬 더 많다. 환자가 없는 한가한 시간이면 그는 깊은 고독을 느낀다. 바람을 펴볼까도 생각하지만 용기가 없다. 아니, 나이 먹으며 이젠 여자도 시들해졌다. 그는 미래가 더욱 암담하다고 생각한다.

크게 망할 일도 없고, 앞으로도 망할 것 같지 않은 직업. 그가 생각하는 의사 직업은 그렇게 정의된다. 그래서 그는 꿈이 없다. 그저 이렇게 살다가 은퇴해 어디 경치 좋은 곳에 전원주택 짓고 사는 게 꿈이라면 꿈일까. 꼭 돈이 아니더라도 보다 의미 있는 삶을 찾고 싶은 욕망이 활활 타오를 때도 있다. 하지만 지금 누리고 있는 안정을 버리고 모험을 감행할 용기는 더욱 없다. 스스로 찾을 용기는 없지만 나른한 삶을 화들짝 깨워줄 누군가가 있었으면 좋겠다는 바람은 있다. 그는 요즘 가끔씩 잠을 이루지 못한다. 그럴 때마다 그는 스스로를 위해 수면제를 처방한다. 대한민국 중산층 엄마들이 선호하는 1등 직업군의 실상도 화려함과는 거리가 멀었던 것이다.

꿈을 가진 40대 평사원

"경기회복으로 올 한 해는 보다 많은 일자리가 생겨나 청년 실업자들에게 일할 기회가 주어졌으면 합니다."

근로복지공단 포항지사 보상부 류종춘(45) 씨의 말이다. 그의 말에 예사롭지 않은 무게가 실려 있는 건 그 자신의 경험과 무관하지 않아서다. 류씨는 이른바 '늦깎이 신입사원'이다. 고졸 학력과 44살이라는 '고령'의 나이를 극복하고, 고학력 지원자 수천 명이 몰린 공채에 78대 1의 경쟁을 뚫고 당당히 합격했다.

류씨의 경력에서 읽을 수 있듯 그의 젊은 날은 순탄치 않았다. 사실 그는 지난 1995년에 7급 공무원 시험해 합격했던 적이 있다. 고교를 졸업한 뒤 공무원이 되겠다는 꿈을 가지고 그 어렵다는 7급 공무원 시험에 도전해 합격했던 것이다. 그러나 오랜 꿈이던 '공직 생활'은 겨우 1달 만에 끝나고 말았다. 서울 통계청에 정식 발령을 받았지만 하필이면 그 때 아버지가 뇌졸중으로 쓰러졌다. 그는 아버지의 병간호와 동생 뒷바라지를 위해 부득불 휴직을 신청할 수밖에 없었다. 그러나 수습기간이라는 이유로 받아들여지지 않았다. 눈물을 머금고 그곳을 떠날 수밖에 없었던 것이다.

이후 그는 시험 준비하던 시절보다 몇 배나 어려운 시간을 보냈다. 나이와 학력제한이라는 장벽에 걸려 취업시장에서 번번이 물을 먹었기 때문이다.

"근로복지공단이 입사시험에서 나이와 학력제한을 철폐하지 않았더라면 사회에서 영원히 도태되고 말았을 겁니다."

그러나 중요한 건 근로복지공단의 호의가 아니다. 그토록 힘겨운 시간 속에서도 젊은 날의 꿈을 잊거나 포기하지 않은 그의 인내와 의지가 더 중요하다. 그게 없었다면 공단이 베푼 호의는, 풀 한 포기 없는 황무지를 적신 단비에 지나지 않았을 것이다. 지난 10년 동안 간직한 꿈이 그의 삶 속에서 '소금'이자 '추진력' 역할을 해주었다. 그리고 이제 그를 공기업의 늦깎이 신입사원으로 만들어주었다.

입사 후 류종춘 씨는 의욕에 넘쳐 있다. 자신의 경험을 밑거름으로 청년실업을 해결할 방안을 마련하기 위해 분주하기 때문이다. 벌써 자신이 생각하던 실업해소 방안을 청와대 홈페이지에 올린 적도 있다. '시기상조'라는 대답을 듣긴 했지만 그의 관심은 이제 자신을 넘어 주변으로까지 넓혀지고 있다. 그가 세운 새로운 꿈은 이렇다.

"취업시장이 갈수록 어려워지고 있지만 40대 중반에도 도전하면 성공할 수 있다는 희망을 심어주고 싶습니다. 그것이 제가 겪어온 삶이기도 하니까요."

그는 앞으로도 오랫동안 자신을 채찍질할 추진력을 얻어낸 셈이다.[35]

한 개인의 실존문제를 두고 남들이 왈가불가하는 건 옳지 못하다. 그러므로 여기서 무엇이 옳고 그른가는 관심 밖의 문제다. 그러나 어떤 경향을 짚어보는 것까지는 가능하리라 생각한다. 남들보다 풍족한 환경 속에서도 나른한 오후처럼 시들어가는 꿈. 힘겨움 속에서도 오뚝이처럼 일어나 이제는 더 넓은 이웃의 문제로까지 넓혀지는 꿈. 무엇이 더 우리의 마음을 울리는가의 문제다.

꿈은 우리를 전진하게 한다. 어린 시절 이래의 꿈, 젊은 날 동강난 꿈, 마흔에 이르러 새롭게 발견한 꿈. 그 모든 꿈의 가치는 분명하다. 3%의 소금이 거대한 대양의 물을 썩지 않게 하듯 꿈이 우리를 녹슬지 않게 한다. 그러므로 꿈을 꾸는 마흔이 아름답다.

마흔 살의
검은 유혹

I씨는 전문대학을 나왔다. 운 좋게 곧바로 백화점에 취직이 됐다. 집안의 장남인 그는 결혼 전까지 집안에 대해 극진했다. 월급 타면 부모님께 생활비를 보내고, 동생들 뒷바라지하는 데 최선을 다했다. 그러다가 백화점에서 지금의 아내를 만나 결혼하고 아들을 낳았다. 당연히 아내는 직장을 그만뒀다. 육아도 그렇고 기혼녀를 대하는 우리 사회의 인식도 벽으로 다가왔기 때문이다.

두 집 살림을 책임지기 위한 I씨의 고군분투는 그 때부터 시작됐다. 그러나 전문대를 졸업한 백화점 직원의 월급만으로는 아무래도 한계가 있었다. 아내의 눈치를 살피며 친가에 생활비를 보태주는 일이 점점 만만치 않게 느껴졌다. 가끔씩 언성을 높여가며 부부싸움을 하기도 했다. 당연히 부모님들은 이전만 못한 아들의 대접에 섭섭해 했다. 아내는 아내대로 가사 스트레스를 그에게 풀려고 덤벼들었다. 직장생활을 하지 못하는 무료함과 아쉬움을 보상받으려는 심리 때문인지 씀씀이도 날로 커져만 갔다.

이런 경우라면 당연히 삶에 찌든 40대 가장의 모습이 연상될 것이다. 하지만 I씨는 달랐다. 그는 우리 사회의 40대가 꿈꾸는 모든 일을 해냈다. 집도 47평 아파트로 크게 늘리고, 아들도 캐나다의 중학교로 조기유학을 보냈다. 얼마 전에는 아내마저 캐나다로 떠나보냈다. 이른바 '기러기 아빠'가 되면서까지 자식교육을 밀어붙인 것이다. 기적 같은 일이었다. '무서운 40대'. 자세한 사정을 알지 못하는 사람들은 그를 그렇게 불렀다. 월급 200여만 원으로 몇 억짜리 아파트를 사고 아들까지 캐나다에 유학을 보낸 걸 '무섭다'는 표현 외에 무슨 말로 묘사하겠는가?

그의 '성공'에는 물론 내밀한 비밀이 숨겨져 있었다. 그가 백화점에서 맡고 있는 일은 여성복 매장관리였다. 오랫동안 그일을 하며 그는 가욋돈을 마련할 수 있는 좋은 루트를 저절로 발견하게 됐다.

한 가지 방법은 입점자들에게 정기적으로 커미션을 받는 것이었다. 백화점 입점과 매장 유지는 성공을 노리는 많은 의류

회사들에게 아주 중요한 일이다. 당연히 매장 관리인의 입김이 커질 수밖에 없었다. 의류회사들은 그를 은밀히 불러내 뒷돈을 건넸다. 처음에는 그도 양심의 가책을 느꼈다. 하지만 그는 돈이 절실히 필요했고, 월급 200만 원으로는 꿈꿀 수 없는 생활을 원했다. 한번 돈을 받고 나자 양심보다는 물질이 주는 달콤함이 더욱 강함을 알게 됐다. 그렇게 그는 편법에 길들여져 갔다.

하지만 커미션은 정기적이지 않다는 단점이 있었다. 게다가 의류는 경기를 많이 탔고, 중간에 입점자가 바뀌는 변수도 생기곤 했다. 그는 다른 길을 모색했다. 이른바 '재고처리장난'을 친 것이다. 사실상 신품 비슷한 상품까지 일찌감치 외부에 넘기고 장부상으로는 재고처리로 기록했다. 그러면 털이값만 입금시키고 그 차액을 외부업자와 나눌 수 있었다. 여전히 불안하기는 했지만 커미션보다는 훨씬 안정적이고 몫도 큰 장사였다.

이 모든 것을 해내는 동안 그는 40대 초반 나이에 머리가 허옇게 되어버렸다. 염색을 하지 않으면 백발에 가깝다. 그는 이제껏 자신이 해온 일에 대해 가치평가를 유보해 왔다. 아니 필사적으로 외면해 왔다는 표현이 더 알맞다. 하지만 늘어가는 백발을 보며 그는 요즘 우울증에 빠진 자신을 발견하곤 한다. '남들 다 하는 일인데 뭐.' 라고 위로하기에는 샛길로 너무 깊이 빠져들었다는 생각이 들었기 때문이다. 언제까지 이 일을 계속할 수 있을지, 또 다른 일을 택한다면 정당한 노동의 대가

만을 바라며 열심히 살 수 있을 것인지 확신이 서지 않는다. 시
한폭탄을 안고 사는 조마조마함. 그는 자신의 머리가 그래서
백발이 되었다고 생각하고 있다.

정도(正道)가 빠른 길이다

40대만큼 성공을 갈구하는 사람들은 없을 것이다. 돈과 안정
된 미래가 너무나 필요하기 때문이다. 그래서 40대는 강력한
내부의 적을 갖게 된다. 유혹이라는 적. 이권이나 편법을 이용
해 손쉽게 부와 특혜를 누리고자 하는 마음이다. 더구나 40대
의 경험은 어떤 길이 빠르고 쉬운 성공의 길인가를 알 만큼 알
게 한다. 그것이 유혹을 더욱 부채질하는 경우도 많다.

O씨의 경우도 그랬다. 그는 자신이 관할하던 사업 분야에서
전국적으로 지사망을 두게 되자 여러 가지 편법을 동원했다.
어떻게 하면 지사장 자리에 자기 사람을 심을 수 있는지 그는
오랜 경험을 통해 알고 있었다. 그는 이름뿐인 사람을 하나 내
세워 지사권을 따게 한 뒤 실제로는 집안사람들을 실질적인 지
사장으로 앉혔다. 물론 다른 지사보다 가능하면 갖가지 혜택을
더 주려 했다. 전국적으로 노른자위에 해당하는 지사들은 이런
방식으로 그의 친인척이 사실상 장악하게 됐다. 당연히 그는
일가붙이를 먹여 살리는 구세주가 되었고, 여러 가지 이권도

함께 챙길 수 있었다.

그가 저지른 편법은 이것만이 아니었다. 부하 부서장들이 영업 목적으로 할당받은 법인카드를 대신 사용하는 일도 수시로 저질렀다. 자신의 카드가 월별 한도에 이르면 언제든 부하 직원들의 카드를 내놓으라고 강요했다. 결국 그의 이런 행각은 최고경영자에게까지 알려지게 됐다. 그가 도덕적 해이를 이유로 보직해임당한 건 당연한 일이었다.

"최고가 되기 위한 가장 안전하고도 확실한 방법은 강력하고 폭넓은 경험을 쌓아야 한다는 것입니다. 그래서 피라미드가 어정쩡하게 서 있는 사다리보다 당연히 더 강하다는 것이지요. 이러한 기초를 닦으려면 진급을 하더라도 한 단계씩 밟아가는 것이 중요합니다."

세계적인 소프트웨어회사 '오토데스크(Autodesk)'의 CEO 캐롤 바츠(Carol Bartz)의 말이다. 그가 요구하는 경험은 결국 '한 단계씩' 밟아나가는 성실함과 진득함 속에서 가장 강력하고 폭넓게 쌓인다. 눈앞의 사다리는 한꺼번에 두 개, 세 개를 건너뛰며 밟고 올라갈 수 있을 것처럼 보인다. 하지만 그토록 서둘러 올라가면 갈수록 사다리는 심하게 흔들리고 결국엔 무너지기 마련이다.

느리고 더디더라도 정도를 걷겠다는 떳떳함이 필요하다. 그렇지 않다면 로또복권을 사는 게 더 낫다. 사람이 복권으로 날린다고 해봐야 얼마나 날릴 수 있겠는가? 하지만 작은 부정사건 하나가 사회적으로 매장의 도구로 변하고 한 인생을 파묻어버리는 건 너무나 쉬운 일이다. 다른 모든 걸 떠나 부정하게 모은 검은 돈으로 음식을 사고, 그것을 사랑하는 자식의 입에 떠먹여줄 수는 없지 않은가.

사람은 태양을 향해 당당히 어깨를 펼 수 있어야 한다. 그래야 그의 성공도 떳떳하고 가치 있는 것이 된다. 그래야 그의 성공도 가장 안전하고 확실하게 성취될 수 있다.

머리끝에서 발끝까지 바꿔라

타자(他者)의 눈을 통해 우리 자신을 들여다보기. 우리의 문제점을 객관적으로 드러내는 데 아주 좋은 방법이다. 여기 미국에 건너가 10여 년 만에 고국을 방문했던 한 사람이 있다. 그는 '정말 어디가 어딘지 모르게 달라진' 한국 방문을 통해 깊은 문화적인 충격을 받았다고 했다. 그리고 방문 기간 동안 느꼈던 한국 사회와 사람들에 대한 인상을 인터넷에 올렸다. 그의 방문기의 핵심은 결국 '한국 사람들, 정신 차려야 한다'는 것이었다.

대학원 때 유학 와서 미국에서 직장생활을 한다는 그는 먼저 미국과 한국 사회의 물가를 비교하는 것부터 이야기를 시작했다. 미국의 일인당 평균소득이 약 4만 달러. 한국은 1만 달러(그가 글을 올린 건 2005년). 규모로는 4배 가량 차이가 나지만 물가 수준은 한국이나 미국이나 별다른 차이가 없다는 건 누구나 알고 있다. 소득의 차이는 1/4인데 물가 수준은 비슷하므로 한국 사람들이 훨씬 더 절약을 해야 한다. 하지만 그가 목격한 한국 사람들의 생활은 결코 그렇지 않았다.

"10년 만에 한국에 가서 느꼈던 것은 한국은 '겉보기에 잘 사는 나라 같다'는 느낌이었습니다. 사람들도 다 좋은 옷 깨끗이 입고, 누구나 다 차를 한 대씩 굴리는 것 같고, 관공서들도 전부 새로 지은 건물들이 많고…. 그런데 말이죠. 한국 가서 사람들과 어울리다보니 그 비용이 장난 아니더라는 거죠. 친구들 만나면 죄다 요즘 먹고살기 너무 힘들다, 그런 말 합니다. 그래도 안정적인 직장에 다니는 애들이 말이죠."

그가 가장 먼저 놀란 건 예상하다시피 한국 직장인들의 '술 문화'였다. 무조건 모임 장소는 술집이고, 고주망태가 되도록 술을 마시는 모습에서 '저럴 돈이 어디서 나오는가'라는 의문을 가질 수밖에 없었다는 것이다.

"지금 제 나이 39살인데, 10년 전에 마지막 소식 듣고 올해 만나본 제 선배들, 즉 나이 40~50대 사이의 사람들 중에 술병 난 사람들이 참 많더군요. 알던 선배들 중에 술 먹고 병 나서 집에서 쉬고 있다는 선배들, 벌써 죽었다는 선배도 있고요. 술병 났다가 겨우 몸 추슬러서 살지만 그래도 술 중독에 벗어나지 못하고 있다는 선배 이야기도 들었습니다. 이거 술 너무 많이 마시는 거 아닙니까? 그 돈은 다 어디서 나옵니까?"

한 달에 한 번 꼴로 바(Bar)에 가서 칵테일 한 잔이나 작은 맥주 한 병을 마시는 게 고작인 미국 직장인들의 음주문화와 비교하면 너무나 차이가 났던 것이다.

그는 우리가 현대 도시생활의 필수품이라 여기는 자동차문화에 대해서도 신랄할 비판을 가한다. 그가 보기에 미국 사회에서 자가용 문화는 사회구조상 어쩔 수 없이 발달할 수밖에 없었던 측면이 강하다. 1990년대 초반만 해도 생수값보다 기름값이 더 쌌고, 대중교통수단이 발달하지 않았기 때문에 자가용 없이는 사회생활 자체가 불가능했기 때문이다. 하지만 한국은 그렇지 않다.

"미국도 뉴욕 같은 복잡하고 생활기반 시설들이 가까이 많이 있는 곳에선 사람들이 자가용 소유 안 한다고 들었습니다. 그런데 이젠 한국에서 대학생들도 차를 몰고 다닌다지요. 저도 차 한 대 굴리는 데 소요되는 비용이 꽤 부담스럽습니다. 더구나 미국은 기름값도 싼데 말이죠. 3.01 엔진 달린 차에 기름 가득 넣으면 한 4만 원 돈 나옵니다. 정말 비싸졌네요, 요즘. 차값은 소나타 기준으로 보면 한국이나 미국이나 가격 비슷하더군요. 그러니 평균소득도 적은 한국이 여러모로 자가용 소유한다는 게 보통 부담이 아닐 겁니다. 그런데 아르바이트하면서 먹고사는 사람들까지 자가용 몰고 다니면서 경제가 안 좋아서 먹고살기 힘들다, 정부·여당 뭐하냐, 대통령이 못 해서 이런다, 이렇게 말하고 다니는 게 말이나 됩니까?"

그의 예리한 시선은 패션, 화장품, 명품 등 한국 사회의 소비행태 구석구석을 지나치지 않는다. 그러면서 그는 '우리 한국 국민들의 가계운영은 너무나도 상식을 벗어나 있다'는 결론을 내린다.

이처럼 절약 정신을 강조하는 그는 미국에서 어느 정도의 생활을 하고 있는 것일까? 그의 연봉은 1억이라 했다. 아직 독신이라 세금이 많이 부가되는 바람에 한 달 월급 830만 원 중 실수령액은 500만 원 정도. 하지만 그의 생활도 빠듯하다고 했다. 물론 그 '빠듯함'은 상식을 벗어난 소비패턴 때문이 아니라 저축 때문이다. 그는 자신의 지출 명세표를 자세히 밝힌 뒤 이렇게 말하고 있다.

"물론 연금저축 명목으로 100만 원 저금 안 하면 저도 명품 옷 사 입고, 여친한테 명품가방 선물하고, 술 마시고, BMW 몰면서 골프도 치면서 살 수 있을 것 같습니다. 저금하면서 살자니 연봉 1억도 빠듯하네요. 그런데 물가도 비싼 한국에서 월 300~400만 원 받으면서 결혼해 부모님 봉양하고, 애들까지 키우면서 사시는 분들, 거기다가 술 마시고, 자가용 굴리고, 명품 사고, 외식하고, 과외시키고, 그러면 신용불량 되는 게 당연하

미국 직장인 A씨의 한 달 지출 명세표

=실수령액 500만 원

• 집 융자금 월 상환 – 145만 원

• 401K 저축 (은퇴연금과 비슷) – 100만 원

• 자동차 융자금 상환 – 45만 원

• 자동차 보험 – 15만 원

• 자동차 기름 – 18만 원

• 장보기 – 36만 원

• 부모님 송금 – 80만 원

• US Bond (국채구입) – 12만 원

• 생명보험 – 2만 원

• 술값 – 0원

• 과외비 – 0원

• 핸드폰 – 0원

• 옷 구입 – 1만 원

• 용돈 – 10만 원

• 각종 공과금 – 15만 원

• 남는 돈 – 21만 원 (저금, 가끔 선물구입, 외식 등)

지 않습니까? 와이프도 밖에 나가 돈 벌어오시면 낭비 하나도 안 해야 겨우 먹고살면서 돈 조금 저축하시겠네요?"

그래서 그는 친구들이 '먹고살기 힘들어 죽겠다'는 말을 하면 이렇게 되쏘아주고 싶다고 했다.

"당연하지, 자식들아. 술 마시는 데 그렇게 돈 쓰고, 필요 없는 차 굴리는 데 돈 쓰고, 집에, 회사에 전화 있으면서 핸드폰 다 가지고 다니고, 와이프 명품 가방, 옷 사줘야지, 화장품 사줘야지, 부모님께도 명품 내의 선물해 드려야지, 애들한테도 핸드폰 하나씩 들려 학교 보내야지, 애들 과외시켜야지, 점심은 만날 사먹어야지, 조금 벌어서 쓰는 건 나도 부담스러울 정도로 쓰고 다니니 생활이 힘든 게 당연하지, 임마들아."

그의 비판에서 자유로울 수 있는 삶은 얼마나 될까? 스스로는 정말이지 힘들게 살아가고 있다고 생각하지만 실은 앞으로 벌고 뒤로 밑지는 헛고생을 자초하고 있었던 건 아닐까? 해선 안 될 '한눈팔기'를 가장 '치열하게' 하고 있었던 건 아닐까?

자본주의 경제사를 들춰보면 '본원적 축적'이란 말이 나온다. 문자 그대로 자본주의 경제의 작동을 위한 가장 기초적인 조건을 형성하는 단계이자, 자본가와 노동자 관계를 창출하는 행위를 말한다. 그런데 이 본원적 축적은 피눈물을 수반하는 것이기도 했다. 광범위한 농민들을 강제로 토지로부터 떼어내

노동자로 만드는 과정에서 수많은 희생이 따랐던 것이다.

우리가 시도하려는 승부에도 '본원적 축적'은 꼭 필요하다. 우리가 살고 있는 이 세계, 이 시간으로부터 자신을 폭력적인 방식으로라도 떼어내려는 결단과 의지도 필요하다. 아끼고 아껴서 승부에 필요한 돈을 모으기 위해서라도, 승부 세계에 필요한 정신적 준비와 습관을 하나씩 갖춰나가기 위해서라도 말이다.

술을 마시고 싶은가? 한 푼이라도 아끼기 위해 송곳으로 허벅지를 찌르며 참아내면 된다. 미국 사회와 한국은 평면적으로 비교할 수 없다고? 인간관계에 윤활유가 될 만큼 적당히 마시면 된다. 늘 끝까지 가고야 마는 게 술이라지만 그럴 만한 의지도 없이 무엇을 이루겠다는 건 난센스다. 그렇듯 우리가 지금 입고 있는 것, 먹고 있는 것, 하고 있는 것 모두를 바꾸어야 하지 않겠는가? 승부를 준비한다면 지금 당장 머리끝부터 발끝까지 자신을 바꿀 결심이 돼 있어야 한다.

누가 뭐래도
가족이 최고의 스폰서

"저는요, 우리 와이프가 아주 뛰어나지는 않지만 항상 나한테 가장 소중한 사람이라고 생각해요. 그래서 아주 감사하게 생각해요. 원래 내가 죄인이지요. 사업도 잘 못하고 망하기나 하고…. 그렇게 7~8년 어렵게 살게 했으니까, 한 10년 잘 살게 해주고 그 다음에는 다시 한 번 큰 소리 쳐야지요!"

김정민 씨는 IMF의 소용돌이를 처의 고마움 덕분에 헤쳐나왔다. 쉽지 않은 일이었다. 잘나가던 가정도 한순간에 박살이 나던 무서운 시절이었다. 그러나 그는 가장 가까이 있는 사람으로부터 큰 도움을 받아 재기하는 데 성공했다.

1963년생인 그는 경희대 설계미술학과를 나왔다. 롯데백화점의 인테리어 부문을 감리하는 일을 하다가 그가 선배와 함께 인테리어 회사를 하나 만든 때는 1993년. 이런 일은 정확한 라인을 타는 것이 중요하다. 운 좋게도 '삼성전자'나 '삼성화재', '삼성전기' 등 삼성 계열사의 복지시설에 인테리어 일을 할 수 있었다. 하청일이지만 워낙 복지시설에 과감하게 투자하는 그룹인지라 매출 규모가 장난이 아니었다. 기숙사 4인실 100개 정도가 들어가는 5층짜리 건물의 인테리어 비용이 많으면 10억을 넘는다. 수원 삼성타운 안에 그런 기숙사가 140개 동에 이르니 그 총매출 규모는 충분히 상상할 수 있을 정도다.

그뿐만이 아니다. 직원용 스포츠센터나 쇼핑센터도 끝내준다. 백화점 빰치는 제품과 서비스를 제공하면서도 파는 가격은 아울렛 수준이다. 임대료를 획기적으로 싸게 받는 대신 좋은 제품을 싼 가격으로 제공하도록 했기 때문이다. 게다가 5년 마다 회사 쪽에서 실비만 받고 인테리어를 싹 바꿔주기까지 한다. 당연히 입점자는 싸게 팔아도 좋겠다 싶은 마음이 절로 일 정도다.

그의 인테리어 사업은 비약적인 성장세를 이어갔다. 첫해 5억 원 수준이던 매출이 해마다 2배 수준으로 뛰었다. 드디어 1996년에는 총매출이 100억 원에서 한 2억 원 정도 모자라는 수준까지 치고 올라갔다. 그 때는 정말 신이 났다. 4명이던 직원은 27명까지 늘었다. 동업하던 선배와도 서로 죽이 잘 맞았다. 선배는 직원의 사기를 위해 과감하게 배팅할 줄도 아는 사람이었다. 가끔 출근길에 전화를 걸곤 했다.

"어디냐?"

"지금 자유로 달리고 있는데요."

"야, 그럼 오늘은 그냥 대관령으로 빠져라. 거기 스키장에서 만나자. 거기서 좀 머리도 식히고 사업 이야기도 하자."

그러면 그날은 그대로 대관령행이다. 직원들과 자주 양평 같은 데로 드라이브를 나가서 냉면을 먹고 들어온다. 그리고 다시 열심히 일한다. 자유분방하면서도 효율은 확실하게 올린다는 분위기였다. 회사는 성장세를 이어가고 직원들의 사기는 드높았다.

계속 치고 올라가던 사업은 그러나 1996년 말부터 조금씩 이상한 징후를 보이기 시작했다. 원래 삼성그룹 하청일은 매년 하반기에 내년도 복지예산을 수립하는 과정에서 전체 규모가 그려진다. 그의 회사 같은 하청업체는 미리 충분히 준비하고 있다가 내년도 예산이 확정될 때쯤이면 각 계열사에 제안서를 낸다. 보통 그런 식으로 6개월 전부터 제안서를 올린다. 그런데 1996년 말 무렵부터는 이상하게 계열사별로 연기나 보류되는 사례가 생겨났다. 이상하다 싶었다. 그러나 곧 잘 되겠지 하고 기다렸다. 보통 그러다가도 얼마 지나면 풀리곤 했기 때문이다. 그런데 이번에는 그게 아니었다. 캔슬되는 게 꼬리를 물더니, 마침내 IMF가 터졌다. 나중에 정산한 결과 1997년의 총매출은 15억 원에 지나지 않았다. 전년도 98억 원까지 치고 올라갔던 매출이 거의 1/7로 줄어든 것이다. 회사는 얼마 버티지 못하고 부도가 나고 말았다. 부도액은 총 11억 원. 원래 선배와 김씨는 7대3 비율로 지분을 가지고 있었다. 김씨는 간신히 3억을 마련해서 밀어 넣고 손을 털었다. 그러나 실제로 회사가 적자 기조로 들어갔을 때부터 계속 돈을 끌어들이고 급여도 제대로 못 받은 것까지 치면 그 2배 이상 손실을 본 것이나 다름없었다. 정리 작업도 금방 끝나지 않았다. 직원과 채권자들의 채무를 대략적으로 정리하는 데만 8개월이 걸렸다.

동업했던 선배는 훨씬 끔찍한 고생을 했다. 이리저리 간신히 돈을 마련해 부도액을 틀어막았어도 끝내 6억 원이 모자랐다. 결국 선배는 당시 LG전자가 구상무역으로 카자흐스탄에서 추진하던 호텔 겸 스포츠센터의 건설작업을 3년 동안 수행하는 대신 5억 원을 받는 계약에 서명하고 조국을 떠났다. 그렇게 이역만리로 나가서 번 돈 전부를 빚쟁이들한테 주기로 한 것이다.

"그게…, 사실상 몸 팔려 간 거지요. 그래서 7년 만에, 그러니까 작년에야 돌아왔어요."

이런 난리통 속에서도 그가 무너지지 않을 수 있었던 비결은 무엇이었을까? 아내의 힘이었다. 아내가 그를 믿고 지켜주었다. 부도난 뒤 6개월 동안 그는 전혀 벌이 없이 지내야 했다. 힘들게 결혼한 아내였다. 김씨가 일찍 부모님을 여읜데다가 건축미술이니, 인테리어사업이니 하는 걸 일반적인 부모님들은 마뜩찮게 생각하던 때였다. 서로 사랑하던 두 사람은 그런 반대를 뚫고 간신히 결혼했다. 그러나 결혼 뒤 김씨는 일 때문에 처에게 충실하기 어려웠다. 한 달에 열흘 들어가기도 바빴다. 인테리어사업이 그랬다. 평범한 사람은 견디기 어려운 결혼생활이었다. IMF가 부부에게 닥쳐왔을 때 다행히 처는 영어 과외를 하고 있었다. 그녀는 사업하다 망한 남편을 잘 감싸주었다. 그리고 열심히 일했다. 지치고 힘들어하는 남편에게 용돈을 주며 격려하곤 했다.

"가서 친구들도 좀 만나고 그래. 곧 좋은 날이 올 거야. 난 당신을 믿어."

결혼 때 해준 패물도 그 때 모두 처분해야 했다. 그런데도 처는 정말 단 한 번도 남편에게 싫은 내색, 싫은 소리 한번 하지 않았다.

"내가 생각해도 정말 소설 같은 얘기지요? 근데 그 사람은 그랬어요."

김씨가 다시 다른 사업에서 만회하기 시작한 것은 그로부터 1년이 지나지 않아서였다. 숱한 사람들이 무너지는 도산의 소용돌이를 헤치고 그는 재기했다. 처의 믿음과 격려는 헛되지 않았다. 그는 세상에서 가장 든든한 자산을 가지고 있었던 것이다. 그는 보란 듯 성공해서 아내에게 더 값진 패물을 선물할 결심이다. 그래서 오늘도 이를 악물고 뛰고 있다.

『손자병법』에는 이런 구절이 나온다.

'승리하는 군대는 우선 이겨놓고 싸운다. 그러나 패하는 군대는 싸움을 시작하고서 이기려 한다.'

우리가 이겨놓고 싸울 수 있는 방법은 무엇일까? 아내와 가족의 지지를 얻는 일이다. 가족은 백짓장 아니라 천근의 쇳덩이도 함께 저줄 세상의 유일한 내 편이기 때문이다. 그들의 든든한 응원을 얻는 일이 승부의 뿌리를 굳게 만든다. 성공의 꽃도 더욱 탐스러운 빛깔을 뽐낼 수 있다.

40대 4인,
마흔 살과 40대의 승부수를 논하다

책은 저자와 편집자가 만듭니다. 물론 독자를 최우선 순위로 두고 만들지만 독자는 잘 보이지 않습니다. 우리가 쓰고 만든 책이 정말 독자들의 열망을 담아냈는지 반성하기 위해 40대 좌담회를 열었습니다. 자신들의 현장에서 치열하게 마흔을 살아가는 네 분을 모시고 마흔 살이라는 것의 의미, 그리고 40대의 승부수는 어떠해야 하는지에 대해 치열하게 논의했습니다. 같은 시대를 사는 동년배들의 고민이 어떠한지 느껴보시기 바랍니다.

· 참석자	· 참관
한창수(삼성경제연구소 수석연구원, 43세)	오귀환(저자)
강석현(SK네트웍스 부장, 41세)	이우형(저자)
이동옥(前 오픈메이트(주) 대표, 39세)	
김희선(KBS 성우, 38세)	
최용범(사회, 페이퍼로드 대표, 40세)	

최용범
(이하 사회)   귀한 시간 내주셔서 고맙습니다. 오늘 이 자리는 책에 대한 본격적인 평가의 자리라기보다는 마흔 살이라는 것, 사십대의 승부라는 것의 의미는 무엇인가에 대해 자유롭게 의견을 나누는 자리입니다. 모두 자신의 자리에서 열심히 살고 계시는 분들인데 김희선 선생께서 먼저 한마디 해주시죠.

김희선 저는 아직 꿈을 제대로 정하지 못한 3~40대들이 이 책을 읽으면 좋겠다고 생각했습니다. 현 상태에 그대로 안주하려는 직장인에게 40대부터는 진짜 자기가 하고 싶은 일을 하라고 격려해주는 내용이거든요. 단, 그 전에 자기가 쌓았던 자산 중, 가장 잘 할 수 있는 것을 골라서 하는 것이 중요하다고 강조하고 있습니다.

강석현 40대는 자기가 좋아하는 일이 무엇인지 명확하게 알게 되는 나이입니다. 도전의 의미도 단순한 일탈이 아니라 현재의 자기 위치에서 가장 바람직하게 나갈 수 있는 길을 선택하는 것으로 변모하지요. 40대는 조직 내의 큰일을 주도적으로 하며 거기서 보람을 느끼게 되는 매력적인 나이이기도 합니다. 저는 제가 몸담고 있는 회사에서 지금 하고 있는 일에 승부를 거는 게 최선이라고 생각하게 됐지요. 40대가 되면 경제적인 문제보다 성취감을 느낄 수 있느냐 없느냐가 더 중요해집니다.

김희선 저는 후배들을 가르치는 일에 승부를 걸 생각입니다. 그것이 성우 인생 20년의 제가 40대에 가장 크게 할 수 있는 일이자 인생을 넓혀갈 수 있는 길이라는 생각이 들어요. 제가 아는 케이블TV 프로듀서는 저랑 동갑인데 얼마 전 과감하게 사표를 내고 독립 프로덕션을 차렸어요. 지금껏 안정되게 회사생활을 해왔지만 더 이상의 성취욕이 생기지 않는다나요. 여러 프로그램을 개설해 어린이부터 할 수 있는 성우학원을 만들고, 디즈니 영화를 더빙하는 프로젝트를 따내는 등 사업계획이 명확하더군요. '저건 열정이다, 할 수 있겠구나' 하는 생각이 들었습니다.

강석현 어느 교수님께서 인생에서 사람은 8의 배수로 5번의 기회가 있다고 하셨습니다. 24, 32, 40, 48, 56살의 기회 중 3번 정도만 제대로 잡을 수 있다면 성공한다고 하셨죠. 그런데 대부분은 그게 기회인 줄 모르고 지나갑니다. 24살이면 학교를 졸업하고 취직을 하는 시기잖아요. 졸업한 다음 어떤 선택을 하느냐에 따라 인생은 많이 바뀔 수밖에 없죠. 32살이 되면 조직생활, 사회생활을 한 지 8년 정도 되는 때이자 혼돈을 많이 겪는 시기고요. 40살은 지금 이 원고에 나오는 내용을 고민하게 되고, 48살이 되면 한번쯤 은퇴를 생각해 볼 나이가 됩니다. 56살이면 은퇴 이후의 시대가 되겠지요. 마흔 살 무렵은 인생에 찾아온 세 번째의 큰 기회입니다. 첫 번째, 두 번째 기회를 무심코 지나치고 후회하는 사람이라면 마흔 살 무렵에 인생의 새로운 길을 찾아보는 것도 괜찮다고 생각합니다.

한창수 직장생활을 한 사람과, 직장생활을 하지 않은 사람이 바라보는 마흔 살은 좀 다를 것 같아요. 직장생활을 하다보면 사람이 점점 좁아집니다. 조직에 길이 드는 거죠. 사실 사회생활하는 남편보다 부인들이 더 똑똑해요. 책도 많이 읽고, 텔레비전도 많이 보니 차이가 날 수밖에요. 돌이켜보면 20년 정도 회사에서 생활했지만 만약 회사를 그만두게 된다면, 선택의 폭이 그리 넓을 것 같지는 않습니다. 하지만 그렇다 하더라도 저는 마흔 살, 혹은 40대를 기회의 확대라는 측면에서 보고 싶습니다. 고령화 사회라는 문제를 많이 얘기하는데, 지금처럼 평균 연령이 늘어난다면 여기 계신 분들 모두 평균 수명 90세까지 살 거 아닙니까?

강석현 그렇겠죠.

한창수 거기다 한 가지 더 고려돼야 할 게 몇 년이 지나면 정년이란 게 없어진다는 사실입니다. 선진국 치고 정년 있는 나라가 없습니다. 우리나라도 곧 그렇게 되리라 봅니다. 그렇게 생각해보면 지금 우리의 40살이라는 게 옛날과는 다르겠죠. 평균 연령 사십대 시절에는 환갑이겠지만, 지금은 옛날 나이로 치면 25살, 30살 밖에 안 됩니다. 앞으로 인생이 50년 남았는데, 마치 기회가 앞으로 한 번밖에 안 남은 것처럼 생각할 필요는 없다는 것이지요. 나는 앞으로도 2~30년 더 활동한다는 생각으로 지금부터 공부를 해도 되고, 두세 번 더 실패해도 된다고 생각하는 게 좋을 것 같습니다. 우리가 주입받아 온 마흔 살이라는 세대규정에 구애될 필요가 없다는 거죠.

사회 새로운 도전을 하더라도 기회가 두세 번 더 남았다고 생각하는 게 좀 더 여유롭게 출발할 수 있겠네요.

김희선 저도 그 말씀에 공감합니다. 이 원고의 부록에 나와 있는 '역사 속의 40대'에 보면, 세종대왕, 카이사르, 콜럼버스, 록펠러, 간디 등 위인들의 40대가 나오죠. 그 부분을 읽으면서 '말도 안 돼, 내 나이에…' 하는 생각이 들더군요. 그런 생각을 하면 자신이 없어지지요. 하지만 '그래, 지금 40대는 25살이나 마찬가지야' 라고 생각하면 훨씬 더 자신감을 갖고 미래를 열어갈 수 있을 거라 생각합니다.

강석현　그래도 옛날이나 지금이나 다르지 않은 건 40대가 세상일에 정통하고 가장 전문적으로 일할 수 있는 나이라는 것 아닐까요? 우리 정치사의 5.16혁명이나 5공의 주도세력들도 그렇고, 기업 총수도 40대에 다 기업을 일으켰지요. 저는 대통령도 40대에서 나오는 게 가장 좋다고 생각합니다. 개인적으로 병원 하나를 가더라도 40대 의사를 만나야 안심이 됩니다. 새로운 지식에도 둔감하지 않고 경험도 무르익은 때이니까요. 옛날처럼 큰일은 아니라도 각자 위치에서는 가장 제대로 일을 할 수 있는 나이라고 생각합니다. 가장 활동적인 때라는 것이죠.

이동옥　말씀하시는 내용에 저도 동의합니다. 저는 서른 살 무렵에 사회생활을 시작해 직장생활은 2년 정도만 하고 그 이후로 몇 명과 동업을 하며 사업체를 꾸려왔지요. 그러다가 지금은 큰 변화가 필요하다 생각하고 인생의 다른 그림을 그리고 있는 중입니다. 다른 그림이란 게 같은 계통의 일일 수도 있고, 다른 일일 수도 있겠는데 저는 같은 계통의 일로 방향을 잡았습니다. 좀 전에 말씀하셨던 이유 때문이지요. 이전보다 한 계단 더 올라가기 위해서는 이제껏 축적해온 지식이나 경험, 인맥 등이 가장 중요한데 그것을 제대로 활용할 수 있는 분야가 그간 해오던 일이거든요. 반대로 보면, 불안함도 큰 시기이죠. 개인적으로 굉장히 큰 변화를 준비하고 있기 때문에 제가 과연 40대에 꽃을 피울 만한 내공을 쌓아왔는지 의문도 듭니다. 결국 협력업체나 고객에게 평가받아야 하는데 그러지 못한다면 제 40대는 암울하겠지요. 그런 면에서 마흔 살의 도전은 긍정성과 부정성을 동시에 갖고 있다고 봐야 할 것 같습니다.

강석현　40대를 얘기하면서 인맥관리의 중요성을 빼놓을 수 없을 것 같습니다. 40대에 들어오면서 사람들이 그리워지고 또 자연스레 찾게 되더군요. 2~30대는 정말 정신없이 바쁘게 지내느라 기존에 알고 있던 인맥조차 관리가 안 되지요. 그런데 40대가 되면서 자연스레 사람들을 찾게 돼요. 2~30대 때는 그게 쉽지 않았는데 40대 때는 마음먹으니까 쉽게 돼요. 전화 받는 사람도 좋아하고. 이유 없이 전화 걸어서

'잘 살죠?' 한 마디 하는 거죠. 그러면 그 사람하고 나중에 만났을 때도 친밀해집니다.

이동욱 여기 계신 분들이 대부분 선배님들이시라, 한 가지 여쭤보고 싶은 게 있습니다. 아무 이해관계 없는 만남이 업무와 어떤 식으로든 연결되는 경우도 있습니까? 실제로?

강석현 각자가 발 딛고 있는 위치에서 정당하게 도움을 주거나 받을 수 있는 경우가 있지요. 서로 '윈-윈' 하는 경우라고 할 수 있겠죠. 기분 좋게 도와주고, 기분 좋게 도움받고. 40대가 되면 회사 내에서 주도적으로 의사결정을 해야 하는 경우가 생깁니다. 이럴 때 지식이나 정보가 필요한데 2~30대 때는 상사들이 지시하는 경우가 많잖아요. 하지만 40대엔 스스로 결정해야 합니다. 가령 외부강사를 초빙한다거나 하는 문제만 해도 생각지도 못했던 인맥으로부터 도움을 얻는 경우가 생깁니다. 그런 것이 40대 때 절정을 이루는 것 같습니다.

그런데 책의 내용 중 '뜻하는 바가 있을 때 바로 시작하라' 는 건 상당히 위험하지 않을까요? 20대 후반이나 30대 초반이라면 하고 싶은 일이기 때문에 성공 가능성이 낮더라도 지금 아니면 언제 해보겠냐는 생각으로 도전해볼 수 있겠죠. 하지만 40대는 그러기에는 조금 늦습니다. 실패하면 다시 시작하기가 훨씬 힘들어지니까요. 적어도 자기가 하려는 일에 대한 객관적인 평가가 필요하고, 성공 확률이 정량적으로 수치화 될 수 있어야 한다고 생각합니다. 그 수치가 60% 이상 됐을 때 그것을 8~90%까지 올릴 수 있는 방법이 무엇인지까지 구체적으로 파악하고 있어야 합니다. 무작정 당장 행동으로 옮기라는 말은 굉장히 위험해요.

이동욱 동감합니다. 저도 예전에 일을 할 때는 굉장히 자기중심적으로 시장을 바라봤습니다. 그런데 마흔 살이 가까워지면서 그래서는 안 되겠다는 한계를 많이 느끼게 됩니다. 다시 정확하게 보자는 생각이 들어요. 40대 정도가 되면 실패를 가지고도 쌓아온 내공들이 있으니까요. 중요한 것은 자기중심적으로 문제를 바라보고 시작하지 말아야 한다는 겁니다. 객관적인 조건들과 준비할 수 있는 것들을 잘 따져보고 시작하고, 일단 시작을 했으면 강하게 밀어붙여야 합니다.

한창수 검토 자체도 결국은 실행의 한 부분이지요. 저는 현재의 방식으론 더 이상 앞으로
나갈 수 없다는 판단이 들 경우 무엇이든 결단을 내리고 실행하라는 얘기로 보았
습니다.

사회 어떤 의미에서는 확 저질러버리는 것도 성공을 위한 좋은 방법 아닐까요? 리스크
도 규모라는 게 있을 테니까. 우리가 지금 몇 천 억이나 되는 돈을 가지고 신규 사
업에 진출하자는 건 아닐 테니까요. 실제로 어려움에 처한 40대들이 우리 주변에
는 많지요. 비빌 언덕조차도 사라져버리고, 만족감과 자부심 넘치는 삶은 살아야
겠고, 가족들도 먹여 살려야겠고, 그런데도 현실은 너무 어렵고. 그럼 결국 할 수
있는 일은 승부를 걸어야 하는 것밖에 없지 않을까 생각합니다. 우리가 예상하는
것보다는 그런 환경에 처한 40대들이 훨씬 많은 것 같아요.

한창수 어떻게 보면 말이죠. 인생을 살면서 승부를 걸 수밖에 없다는 상황에 처한다는 게
슬픈 일인 것 같습니다. 가급적이면 늙어 죽을 때까지 승부 같은 건 한 번도 안 하
고 살고 싶어요. (일동 웃음).

사회 마흔 살의 의미가 특별한 탓인지 많은 이야기들을 해주셨네요. 마무리로 책에 관
한 조언이나 아쉬운 점, 궁금한 점, 개인적인 소감 등을 한말씀씩 해주시면 고맙겠
습니다.

한창수 저는 『마흔 살의 승부수』란 제목을 처음 들었을 때 '야, 이거 진짜 40대가 생각해
봐야 할 문제를 제기하는구나' 라는 생각을 했습니다. 40대면 누구나 한번 정도는
이제까지 해온 일, 또는 앞으로 해야 하고 할 수 있는 일에 대해 생각하게 되거든
요. 그런 면에서 이 원고는 현재의 위치와 미래를 다시 곰곰이 생각해 볼 기회를
주었다고 생각합니다. 경영학을 전공하는 입장에서는 잭 웰치 같은 분들 이야기를
넣어도 재미있었을 텐데 하는 아쉬움도 있습니다.

김희선 제가 책을 읽을 때 중요하게 생각하는 건 두 가지입니다. 재미와 감동. 이 책의 본

문 중 '목적의식을 분명히 하라'라는 내용에서 저는 감동을 받았어요. 주얼리 업체 골드필 한승철 사장과 줄리엣 한승수 형제 이야기…. 사업 규모로 보면 동생이 더 성공했지만, 그 동생을 단련시킨 건 형이거든요. 여기서 저는 감동을 느꼈습니다. 이런 감동을 줄 수 있는 이야기들이 더 많았으면 더 좋았을 것 같습니다.

이동옥 저는 목차대로 원고를 보지는 못해서 구성이나 이런 건 미처 생각해 보지 못했습니다. 하나하나 꼭지를 보면 어떤 경우에는 좀 막연하게 그려진 부분이 있는 것 같아요. 이 사람이 뭘 했는데, 1년 동안 고생을 해서 느낀 바가 컸다, 그래서 그 크게 느낀 바를 잘 살려 사업을 해서 성공했다는 얘기가 있지요. 그 1년 동안 느낀 부분이 중요할 텐데 그냥 그에게 값진 1년이었다, 이렇게 되면 막연한 거죠. 그런 부분을 더 보강해주셨으면 합니다.

강석현 이 책을 읽으실 분들은 분명 책임감이 많은 분들일 거예요. 가족이라는 무게, 아이들이 커나가는 무게, 그 무게를 느끼며 승부수를 걸어야 하는 사람이거든요. 2~30대에 생각하는 행복과 지금 생각하는 행복이 달라요. 단지 내가 못 이뤄본 일을 하기보다는 나의 열정이 내가 책임지는 가족의 행복과 일치되고 공감대가 형성됐을 때, 그 쪽으로 승부수를 걸어야 겠죠.

한창수 이 책을 읽으실 분들 중에는 분명 비장한 각오를 하고 계신 분도 계실 겁니다. 우리 주변의 40대는 직장 안에서 올라가기는커녕 버티기도 힘들고, 뭔가 새로운 것을 모색해야 할 사람들이 많으니까요. 이 책은 새로운 것을 시작하려는 사람들에게 던져주는 뜨거운 응원가라고 생각됩니다.

사회 귀한 시간을 내주시고, 또 알찬 좌담회가 되게끔 열띤 토론을 해주신 참석자 여러분께 깊은 감사를 드립니다. 고맙습니다.

| 참고문헌 |

1

1) 〈머니투데이〉, 2005년 12월 28일

2) 〈매경이코노미〉, 2004년

3) 〈매경이코노미〉, 2004년 4월 30일

4) 〈서울경제〉, 2005년 7월 20일

5) 〈중앙일보〉, 2003년 7월 9일
　　〈한국경제〉, 2003년 7월 9일
　　〈파이낸셜뉴스〉, 2002년 4월 23일

6) 〈서울경제〉, 2005년 11월 6일

7) 〈국민일보〉, 2006년 1월 31일
　　〈매일경제〉, 2005년 12월 11일
　　〈조선일보〉, 2006년 11월 6일

8) 〈문화일보〉, 2005년 11월 15일

9) 〈조선일보〉, 2005년 9월 5일

10) 〈창업투데이〉, 2003년 12월 22일, 2006년 8월 11일
　　『주부생활』, 2004년 9월

2

11) 〈한경 2004 CEO 열전〉, 2004년

12) 〈스포츠서울〉, 2006년 1월 22일

13) 〈중앙일보〉, 2001년 12월 10일
　　〈한경비즈니스〉, 2006년 7월 13일

14) 〈한국경제〉, 2003년 7월 24일

15) 〈머니투데이〉, 2006년 8월 9일

16) 〈굿데이〉, 2004년 4월 7일

17) 〈한경비즈니스〉, 2004년 9월 12일
　　〈아웃소싱타임스〉, 2006년 3월 6일

18) 〈MBC 성공시대〉,
　　〈농어촌관광신문〉, 2006년 11월 13일

19) 〈아이위클리〉, 2004년 1월 6일

3

20) 〈동아일보〉, 2003년 4월 29일

21) 〈한국경제〉, 2003년 9월 1일
　　〈파이낸셜뉴스〉, 2003년 3월 23일

22) 〈서울경제〉, 2005년 8월 30일

23) 〈스포츠서울〉, 2006년 1월 22일

24) 〈주간동아〉, 2004년 8월 26일

25) 〈매일신문〉, 2004년 11월 12일

26) 〈주간조선〉, 2004년 9월 14일

27) 〈한경비즈니스〉, 2005년 6월 20일
　　〈이코노믹리뷰〉, 2003년 12월 15일
　　『월간 B&F』

28) 〈동아일보〉, 2005년 4월 6일
　　〈머니투데이〉, 2007년 1월 23일
　　〈한경비즈니스〉, 2006년 11월 6일

29) 〈머니투데이〉, 2005년 4월 1일

30) 〈내외경제〉, 2003년 3월 22일
　　〈매일경제〉, 2004년 1월 16일

31) 〈조선일보〉, 2001년 12월 9일

32) 〈한겨레신문〉, 2006년 7월 7일

4

33) 〈굿데이〉, 2003년 11월 17일

34) 〈내일신문〉, 2004년 12월 29일

35) 〈한국경제〉, 2004년 12월 31일